新装
改訂版

古代マヤ暦「13の音」

The 13 Galactic Tones of the Mayan Calendar

SOUSUKE KOSHIKAWA
越川宗亮

KADOKAWA

「宇宙創造のプロセスは13段階を経た。
そのために現在も
13日間サイクルでこの世のエネルギーは変化する」

13種類の「銀河の音」。
1日ごとに宇宙から流れる創造のエネルギーを
マヤ人はそう呼んで
13を最小単位に、高度で複雑な暦を編み出しました。

人が地球に生まれる瞬間、「銀河の音」と共鳴します。
誕生した日に宇宙に響いていた音の本質を知ると
何のために生まれてきたのか、
本来の役割とは何なのか、
すべて思い出すことができます。

「銀河の音」を意識することは
本当の自分で生きること。
シンクロニシティやミラクルも
当然のように起こり続けます。

はじめに

「人生は〝出逢い〟で決まる」という言葉があります。

ただ、そこには〝タイミング〟という、いかんともしがたい牙城《がじょう》が大きく横たわっています。タイミングが1秒、いや、ほんの0・1秒ズレるだけで、雲泥の差が生じることを多くの人は知っています。

見事なほど、ベストに近いタイミングに数多く恵まれる秘訣があるとすれば、誰もが知りたいことでしょう。

その秘訣が、古代マヤ文明の神官が使用した「ツォルキン（神聖暦）」という暦にあるのです。これはマヤ人が解明した、宇宙の叡知《えいち》の原点といえます。

そこに秘められているのは、宇宙から流れる「銀河の音」、つまり「13のエネルギー」であり、「13の音」です。

13の「銀河の音」を学び、エネルギーに触れて、その周波数に合わせることで、自分のリズムが変わってきます。忘れていた本来のリズムに戻ることができ、最も必要なことに対するタイミングが確実に調節されるのです。

自分のリズムが変わり、タイミングが合ってくると、まず人との出逢いが目に見えて大きく変わってきます。愛と思いやりで十分に心が満たされるようなパートナー、かけがえのない友人、尊敬できる先輩、愉快このうえない仲間……。

こうした出逢いを実現するために、この本は、あなたの毎日を本来のリズムに戻します。あなたのために準備された人に次々と出逢う。そして「すべては準備されている」と実感していただく。これを具体的に体感していただくために執筆したものです。

この本がきっかけで、まるで人生がラグビーボールのように、全く予測もしない、思ってもみない、そんな展開が待っていたことに気づくでしょう。

何かをきっかけに、波に乗り、運ばれる。その流れで、人生は考えもしなかったステージに誘導されるのです。「銀河の音」には、それを可能にする力があります。

そもそも〝出逢い〟の善し悪しの判断基準は「それによって幸せになったかどうか」、これに尽きるといえるでしょう。

ここに焦点を当ててみると、縁あってマヤ暦と遭遇し、「13のエネルギー」に触れたことで、あらゆる視点で人生が好転した人は、驚くほどの数に上ります。「より幸せを実感する日々になった」と断言する人が後を絶ちません。私個人も、その1人です。

この本を手にしたあなたは、もしかしたら人生の大きな分岐点に差し掛かっているかもしれません。ご自身としては、とても幸せとは思えない状況かもしれません。そんな方ほど本書を活用していただきたいのです。

「13の音」のエネルギーを浴びると、根本からの変容が起こります。驚くほど、なにもかもが好転します。もちろん本人だけでなく、ご家族、そして周囲の方々までも……。

私はそんな場面を幾度も目撃してきました。だからこそ、少しでも多くの方に「銀河の音」を知って、自分らしく生きる喜びを味わっていただきたいのです。

「12」から「13」へのシフトと「13のエネルギー」

世界に言語は約7000あるともいわれますが、数字は世界共通です。そんな数字の中でマヤ暦の最大の特徴の1つは、「13」が重要な意味をもつことです。

ある意味で「13」は〝忌み数〟とも呼ばれ、とくにキリスト教圏においては嫌われ、避けられてきた数字です。また、日本も、そして世界のほとんどが、この「13」の1つ手前の「12」を基準として、社会が動いているという事実があります。

その象徴が「暦（カレンダー）」であり、「時計時間」です。太陽暦では、1年は12カ月。時計時間で、1日は12時間×2＝24時間です。

実はこの「12」と「13」のちがいをしっかり認識し、「13」というリズムを意識するだけで、人生は大きく変わり始めるのです。

「宇宙の秘密を知りたければ、エネルギー、周波数、振動の観点から考えなさい」

これは、近代科学技術に大きく貢献し、エジソンと天才発明家の双璧といわれたニコラ・テスラの言葉です。

ここで表現されている「エネルギー」「周波数」「振動」の基幹、根底に存在するのが「13の音」といっていいでしょう。

「13の音」を上手に使うことで、「12」の単位では決して届くことのなかった領域を解明でき、真実を繙《ひもと》いて、最も大事な本質にたどり着く。そのことに古代から宗教指導者や為政者は気づいていたのではないでしょうか。だからこそ、「13」を〝忌み数〟として人々から遠ざけ、関わりをもつことがないように誘導してきたと考えられます。

地球に対する月の公転周期をはじめ、「13」は宇宙の運行を担っている数です。「13のエネルギー」は、すべてを根本から変える、目に見えない大きなパワーを意味しているのです。それゆえこのエネルギーを多く浴びると、当然のごとく根本からすべてに変化が起こり始めます。

では、人類にとって「13のエネルギー」は、どのように影響するのでしょうか。

最も特徴的に示されるのは「この宇宙に誕生してきた意味」「一生を通じてまっとうする本来の役割」という部分です。その役割を果たすために個々に「能力」が授けられ、人との〝出逢い〟〝関係性〟という宇宙からの応援が準備されているのです。

あなたは、何のために生を享《う》けたのでしょう。どのような関係性を築き、何をテーマにして生きると、この世界に美しい共鳴が起きるのでしょう。

「銀河の音」はそれを伝えてくれます。そして、〝最適なタイミング〟での出逢いや、シンクロニシティ（共時性）が起こり続けることを通じて、宇宙に応援されている感覚を心底、実感させてくれるでしょう。

本書を通じ、これまで以上に「暦」「時間」「リズム」に関心を寄せていただき、本当の意味で自分らしく、幸せを存分に感じつつ日々を送っていただきたいのです。

そのヒントになればと願いつつ、本論に入ってまいりましょう。

越川　宗亮

目次

第1章

人生に多大な影響を及ぼす古代マヤ文明の叡知「銀河の音」

CONTENTS

第2章

誕生日で決まる「銀河の音」あなたの特徴と役割

CONTENTS

第4章

年齢で変わる「音」の意味と1年の過ごし方

CONTENTS

第5章 宇宙に一瞬でアクセスできる260日のメッセージ

CONTENTS

※本書は2015年に刊行された『究極のマヤの叡知「13」×「20」パート1「銀河の音」』（コスモトゥーワン）を再編集、一部、加筆し、新装改訂版としております。

本文デザイン・図版・DTP　荒木香樹（コウキデザイン）
英文タイトル　Brooke Lathram-Abe
校　正　あかえんぴつ
編集協力　深谷恵美
編　集　清水静子（KADOKAWA）

第1章

人生に多大な影響を及ぼす
古代マヤ文明の叡知「銀河の音」

極めて精度の高い暦を使っていた古代マヤ人

古代マヤ文明の科学水準は非常に高く、そのレベルは四大文明以上とさえいわれています。マヤ文明は４０００年前に誕生し、中米のユカタン半島（現在のメキシコ、グアテマラ、ベリーズ）を中心に数千年に及ぶ隆盛を極めましたが、多くの神秘を残したまま消滅してしまいました。

マヤ人は、非常に正確な天体観測から得た暦を使っていたことが広く知られ、それが古代マヤ文明の基幹を形作っています。彼らが使用していた、いわゆる暦は、長期暦、短期暦、太陽暦、ツォルキン（神聖暦）など、17～19種類。

このうちのツォルキンは、主に神官が神事を行うときに用いたとされ、「儀式暦」とも称されています。このツォルキンこそマヤ人の時間思想の根幹をなすものです。

13の「銀河の音」とは

古代マヤ文明の叡知《えいち》の切り札ともいえるツォルキン。その基本となるのは「13」×「20」のサイクルです。

マヤ暦では、宇宙には創造主（神）の意識（エネルギー）が日々流れ、それがサイクル（13×20）によって構成されていると考えます。

まず、土台となる「13」という数字。これは、13種類の「銀河の音」を示しています。

この「13」について「13の月の暦」提唱者である思想家のホゼ・アグエイアス氏は、宇宙創造のプロセスが13段階を経ており、また銀河の中心から13種類のパルス波（心電図に見られるような断続的波形）が13日間にわたって毎日1種類ずつ発せられていると述べています。このパルス波を「銀河の音」と称しているのです。

13種類の「銀河の音」は、宇宙創造のプロセスが13段階を経たことを示しています。つまり、「銀河の音」は創造的な力、エネルギーの元となるものです。

そのためマヤ暦では13を特別な数字としています。時間の流れを13で表し、13のサイクルで1つの流れを形成するとしています。すなわち、13日間ごとに時間の流れが変化すると考えるのです。

私たちが物事に取り組むときなど、このプロセスを吟味しながら進むことで多くの気づきを得ることになるでしょう。

また、人それぞれの生年月日から「運命数（KIN《キン》ナンバー）」を割り出すと、誕生した日にどの「銀河の音」が宇宙を満たしていたかがわかります。

個々の人がもつ「銀河の音」は、その人が、なぜ、何のために生まれてきたかという「本来の役割」を解明する大きな手がかりとなります。自分のDNAに刻まれているであろう「創造的な能力」「無限の可能性」を知ることになります。

「時間の本質」は「13」×「20」のサイクルにある

「13」×「20」＝260日周期のツォルキン。

13の「銀河の音」に乗ずる、もう1つの20のサイクルもみてみましょう。

マヤ人には西洋の「時間」に相当する言葉はなく、しいて挙げれば、マヤ語（キチェー語）で「ナワール」（叡知・スピリット）がそれに相当するとされています。私たちが時計で表す時間の概念はマヤの人たちには全くありません。

マヤ人の考えるナワールとは、神（宇宙）がもっているもの、すなわち「神の意識」のことにほかなりません。

マヤ人は宇宙を20の異なったナワール（神の意識）が「交代で支配」していると考えたのです。支配というのは、力で配下に置くという意味ではなく、それぞれのナワールがもっている叡知のエネルギーが宇宙に流れるというわけです。宇宙は「20」のサイクルで循環し、神の意識が日々流れているということです。

この20のナワールが前著『古代マヤ暦「20の刻印」』（ＫＡＤＯＫＡＷＡ）で詳述した「太陽の紋章」に込められています。

13の「銀河の音」のサイクルを「エネルギー」、20の「太陽の紋章」のサイクルを「神の叡知・意識」と見る。これこそがツォルキンであり、マヤ暦の「時間の本質」に当たるものです。

前述したとおり、このツォルキンは古代マヤ文明で重視された暦の中でも、叡知の宝庫ともいうべき切り札的存在です。

「13」×「20」＝２６０日周期のリズムは、生年月日と紐づいて個々人の運命数（ＫＩＮナンバー）となっています。

また、その日その日に宇宙から流れてくるエネルギーとして時間を意識しながら日々過ごすことで、驚くほど自分自身の感じ方が変わり、人生そのものが根幹から変容を遂げるでしょう。

マヤ暦　2つの柱

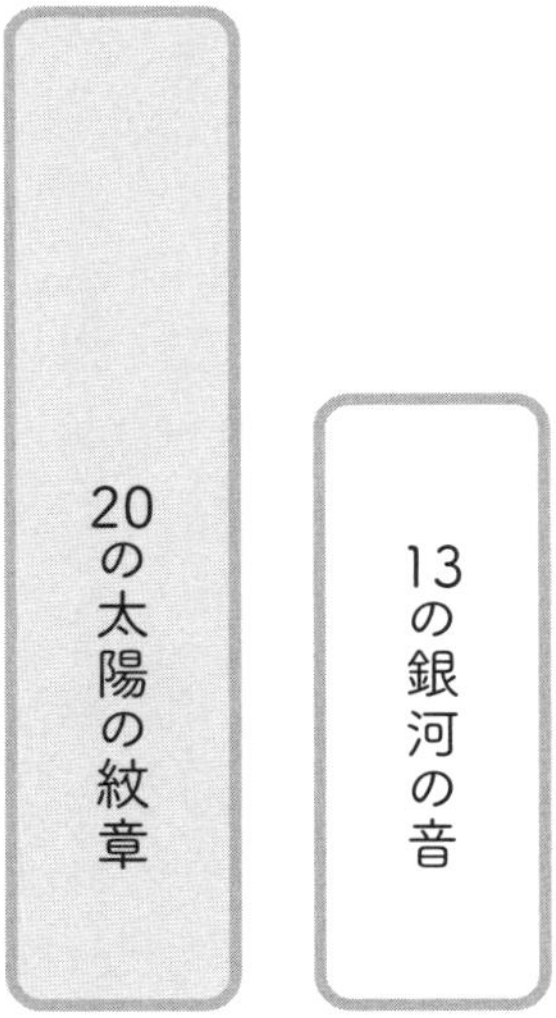

20　×　13

＝　260日

これがマヤ暦のサイクル

＝ 260通りの運命数（KIN《キン》ナンバー）

誕生日からわかる

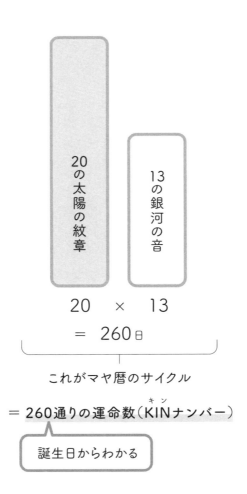

最強のツール、ツォルキンと「銀河の音」

この本は「『本当の自分』を取り戻し、そこへ向かう過程の中で『すべての問題を解決・解消する』」をテーマとしています。

ここで示すのは表面的、一時的解決ではなく、「根本的な変革」を意味しています。しかも、気づかないうちに劇的に変化を遂げているといったプロセスをたどります。


そんな抽象的な表現ではピンとこない。

そんな単純なものではないのではないか。

そう感じるのは当然のことでしょう。誰もが変わりたい、成長したいと願っていても、なかなか具体的方法を見いだせないのが実情ではないでしょうか。

その難題を突き破り、新たなステージを生きるために、この本の中で「最強のツール」として用いるのがツォルキンであり、「銀河の音」です。

13種類の「銀河の音」として流れているエネルギーとは具体的にどういう性質のものなのか。「260日周期のリズムとともに生きる」とはどのようなことか。画期的に人生が輝きを放ち「本当の自分」を生きる、その秘訣を古代マヤ文明から抽出してみましょう。

これまで20年に及ぶ歳月の中、私が知るだけで数万人の方々の人生に、驚くほど見事に方向性を指し示してくれたのがツォルキンでした。

「子どもの頃思い描いたとおりの人生になった」
「未来に対する不安が全くなくなった」
「過去の呪縛やしがらみが完璧に取れ、明るい気持ちで暮らせるようになった」
「子育ての悩みや心配が氷解した」
「毎日、シンクロが起き続け、よりよい方向へ誘導されていることを実感している」

「金銭的悩みが時間とともに解消した」
「どんなことも受け止められる自分になれた」

感動的な体験を全国あちこちで耳にします。

ツォルキンと出逢い、「銀河の音」を知り、「本当の自分」を生きることを意識して、自分自身のリズムが変わると、考え方、生き方、そして人生までもが劇的に変わります。「銀河の音」の視点からみれば「本当の自分」に戻るために、さまざまな出来事や事件は起こるといってもよいでしょう。起こるたびに、何らかの気づきを得、そこでリズムが変わるのです。

大事なことは「本当の自分」を生きることに強くフォーカスすることです。すると人生を歩む中で何が大事で、何が大事ではないのか、何をすべきで、何をすべきではないのか。これらが明確にわかってきます。自分の中に、しっかりした心柱が立ち、不安が確実に消え去っていくのです。

ツォルキン、そして「銀河の音」は、私たちに行くべき目安を示す灯台のような存在です。これがあるかないかで、根本的な安心感が全くちがいます。

思考、価値観、習慣は人それぞれにちがいます。ある人は「たった一度の人生。毎日を楽しく、面白く生きることができればそれで満足だ」といい、ある人は「心豊かに生きることこそ、一番の幸せだ」といいます。

また、ある人は「競争に勝って、経済的豊かさを手に入れることが人生における成功だ」と考え、はたまた「人を愛さなければ、生きていても意味がない」と思っている人もいるでしょう。この志向、視点のちがいはどこから来るのでしょうか。

それを解き明かす大きな鍵となるのがツォルキンであり、その大きな一歩となるのが「銀河の音」にあるのです。

「銀河の音」を知ることで「本当の自分」が見えてくる

「人は最も自分にふさわしい日を選んで生まれてくる」といわれています。

「銀河の音」が確定すれば、「本来の役割」の目安を知ることになります。自分が向かうべき方向性が出しやすくなり、実際に方向性を定めるときの大きな指針ともなるでしょう。

そもそも「銀河の音」は「心のＤＮＡ」という側面をもっています。これから本書で、すでにこの地上に生を享《う》けた瞬間に刻印されている「本当の自分」「本来の役割」を解明していきましょう。

さらに「銀河の音」の組み合わせをいかすことで人間関係がうまくいきます。

また年齢ごとに毎年変わる「音」もあり、そこから1年の過ごし方がわかります。

「銀河の音」からわかること、活用法

誕生日で決まる「銀河の音」で自分の特徴と役割がわかる → 第2章

役割 ｜ 能力 ｜ キーワード ｜ 人間関係 ｜ 心がけたいこと

※自分の「銀河の音」の見つけ方はp.36にあります

「銀河の音」の組み合わせで人との関係性がわかる → 第3章

波長 ｜ 意気投合 ｜ 最強のコンビ ｜ つながり ｜ 流れ

年齢で変わる「音」などの影響で1年の過ごし方がわかる → 第4章

色（時代） ｜ 年回りの「音」

※年齢ごとの「音」を知るために「個人年表(p.202)」をつくります

＋

宇宙にアクセスできる260日のメッセージを意識する → 第5章

20日間のポイント ｜ ツォルキンカレンダー

すべてに「宇宙のメッセージ」と「天の配剤」がある

1つの出逢いや出来事も、人生の意義をどうとらえ、どう解釈するかで大きく意味合いが変わってきます。ツォルキンを学ぶほど、「人生は魂・覚醒の旅」という表現がしっくりきます。

その中で最も核心となるテーマは「本当の自分」への帰還です。それを実現するためには「気づき」が必要になってきます。

この視点に立つと、日々の「銀河の音」が示すエネルギー、また出逢った相手のエネルギーなどに意識をもつことで、そこに宇宙のメッセージが秘められていることに数多く気づくでしょう。

何より「銀河の音」を知ることによって「波に乗るポイント」や「リズムと流れ」

を知り、自分の立ち位置とエネルギーの波形を明確に知ることができます。

これらをある程度知って日々を過ごすのと、知らないで過ごすのとでは雲泥の差です。天気予報のない時代と、精度の高い天気予報を知る現代ほどの開きが生じるでしょう。ある程度の予測ができれば早めに備えができるでしょう。

「銀河の音」を深く知ることで、すべてに「天の配剤」と「深遠なる創造主の意図」が関わっていることを実感します。

それらを心から感じることができると、どんなことも受けとめることができるようになります。そして何より、究極の安心感と深い安らぎを心の底から実感するでしょう。これを体感していただくことが、「銀河の音」を多くの人々に伝えたい最も根幹にある理由の1つです。

「銀河の音」。それは、宇宙からあなた個人に向けて発せられたメッセージを解く極めて大事な鍵となるものなのです。

あなたの「銀河の音」の見つけ方

まずは、それぞれの人に備わる「銀河の音」を確定させる方法を説明しましょう。

①巻末262頁の「西暦とマヤ暦の対照表」を使い、誕生日から「運命数（KIN《キン》ナンバー）」を出します。

②この数字を巻末260頁の「運命数と銀河の音」で探し当てます。その運命数の上に示されている「点と棒」が「銀河の音」となります。

古代マヤ文明の数字の表記では点（・）1つが1、横棒線（―）1本が数字の5を表します。例えば「点が2つ、横棒が1本」であれば、「銀河の音」は1＋1＋5＝7となり、「点が1つ、横棒が2本」であれば「銀河の音」は1＋5＋5＝11となります（左表）。このようにして求められた数字が、あなた自身の「銀河の音」です。

それぞれの音の詳しい特徴は第２章にまとめています。

「銀河の音」を表すマヤ数字

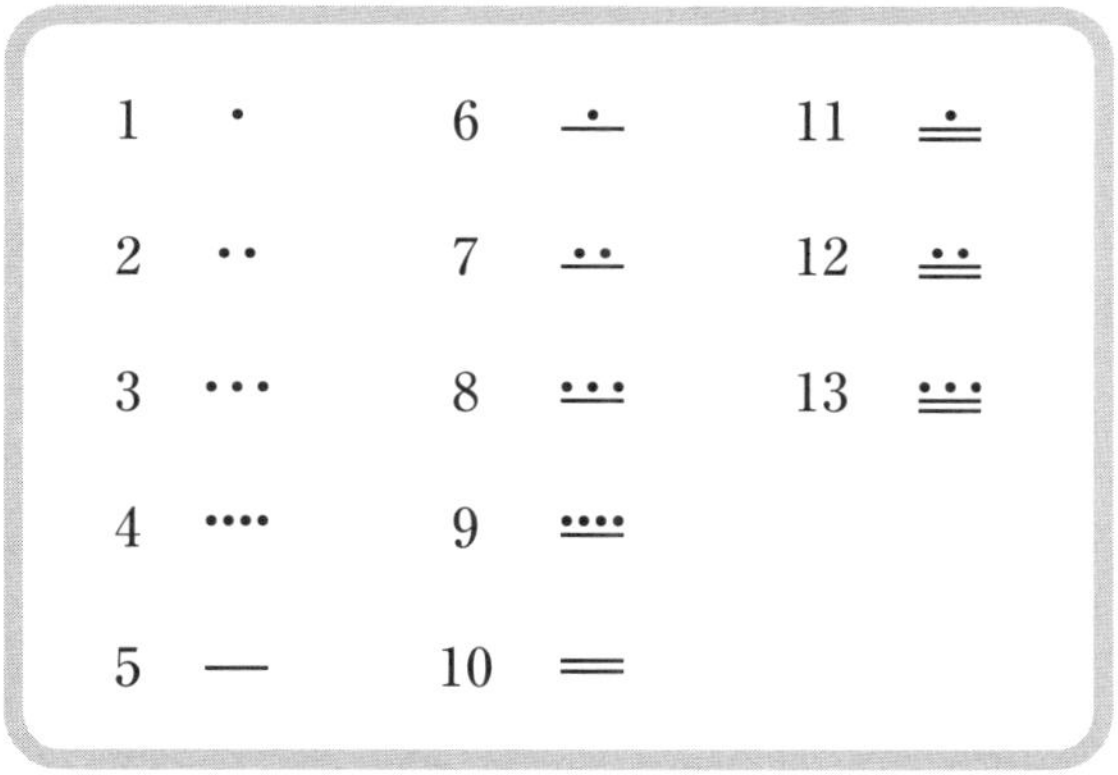

点が１の単位、横棒が５の単位を表す

おおみそかの紅白歌合戦で、たびたび司会を務めたり、NHK連続テレビ小説、大河ドラマにも登場する大泉洋さんを例に見てみましょう。大泉さんの誕生日は1973年4月3日。巻末の「西暦とマヤ暦の対照表」でその日を調べると、「10」という数字であることがわかります。「運命数と銀河の音」で「10」を確認すると、横棒が2本ですから、大泉さんの「銀河の音」は10ということになります。

ちなみに、KINとは「その日1日」「その人1人」を表すマヤ暦の単位です。この運命数こそ、その日に巡っているエネルギーや、それぞれの人がもって生まれた本質を教えてくれる鍵となります。

「本当の自分」「本来の役割」へ向け、進むべき方向性を示してくれる極めて大事な数字です。人生に多大な影響を及ぼす「運命の刻印」ともいえるでしょう。

「銀河の音」を知ることは「本当の自分を生きる」スタートラインに立つこと

自分がこの地上に生を享けた日に、銀河の中心から発せられた「銀河の音」は、エネルギー（東洋的には「氣《き》」）であり、それを深く知ることがとても重要です。そこには、シンクロニシティに誘導され、無限の可能性が広がるポイントが明示されています。

音1から音13までの13種類の「銀河の音」には、創造的な力の機能と行為があるとされています。それぞれの音のエネルギーを知ることは、「個人の役割、能力」から「プロジェクトを成就するための流れ」の確認にも極めて有効です。

さっそく、それぞれの「銀河の音」の大まかな「流れ」と特徴について確認してみましょう。

音1 引きつける ← 音2 分ける ← 音3 つなげる ← 音4 識別する ← 音5 中心を定める ← 音6 バランスをとる ← 音7 チューニングする

◉ 音1…引きつける

すべては「意思決定」から始まります。そのために必須条件となるのが「目的」です。その明確さと、ここで問われるのが「何のために」という意図や動機の純度です。この純度が高いほど、モチベーションは長く続き、継続するでしょう。

するとその途上で、必要なものが次々に引き寄せられ整ってくるという現象が立て続けに起こります。

それを現実にするためにも心を1つにして結束して取り組むことです。

この「音1」をもつ人は、創始者あるいは、道を切り開く役割に適した存在です。

◉音8 ← シフト（移行）する
◉音9 ← 拡大する
◉音10 ← 生み出す
◉音11 ← 解き放つ
◉音12 ← 普遍化する
◉音13 ← 新しいサイクルを生み出す

◉ ・・ 音2…分ける

宇宙はプラスとマイナス、陽と陰、男と女、光と影など2つの相対する性質のもので成り立っています。この「2」から関係が生じてきます。すべての関係は「尊重」で成り立ちます。決して比較したり、自分の思いを必要以上に通そうとしないことです。互いに「尊重」することでよりよい関係を維持することができます。

「2」は選択をも意味するため、迷いと葛藤がひんぱんに生じやすい傾向にあります。また直感的で鋭い面があるため、自分の直感を信じ従うことも大事です。心の反応に意識を向けてみましょう。問題の本質がみえてくるでしょう。

この「音2」をもつ人は、直感力、瞬発力、瞬間的な判断力を必要とする場面には極めて有用な人材です。

音1 引きつける ← 音2 分ける ← 音3 つなげる ← 音4 識別する ← 音5 中心を定める ← 音6 バランスをとる ← 音7 チューニングする

音3…つなげる

互いの尊重を土台として、性質の異なるものをくっつけ、互いに協力し合うように働きかけます。2つのものが出逢うことで、化学反応が起こり、新たな展開が巻き起こることもよくあります。その協力関係への流れとなるのが「音3」です。

協力関係を築くことで、大きな広がりをもつことができるでしょう。このときに大事なことは奉仕の心で行動することです。他者のために走り回ることで、強い信頼関係で結ばれた協力体制を構築できるでしょう。

この「音3」をもつ人は、行動的で奉仕の心に満ち、人と人を結びつける場面で力を発揮するでしょう。

◉音8 ← シフト（移行）する
◉音9 ← 拡大する
◉音10 ← 生み出す
◉音11 ← 解き放つ
◉音12 ← 普遍化する
◉音13 ← 新しいサイクルを生み出す

◉ ●●●● 音4…識別する

内容をさらに掘り下げ、ビジョンを明確にすることが「音4」のステップです。「音3」の協力体制を土台に、フォーメーション、具体的組織化のエネルギーが働きます。その役割を果たすためには、識別力が必要になります。より精度の高い識別は、深い洞察力とバランス感覚があってこそ成り立つものです。

またクリエイティブなエネルギーをより前向き、建設的な方向に昇華させ、具体的ビジョンとして提示することも必要です。

この「音4」をもつ人は、さまざまな争い事を整理したり、識別や組織化するときに必要とされる存在です。

音1 引きつける ← 音2 分ける ← 音3 つなげる ← 音4 識別する ← 音5 中心を定める ← 音6 バランスをとる ← 音7 チューニングする

一 音5…中心を定める

点（・）からはじめて横棒（一）が登場します。この横棒は、各個人の中にある「人間性」の基盤を表しています。「銀河の音」1〜4までのプロセスを経て、1つの基盤が造成されたことを意味しています。

ここで次のステージに進むためには、まず自分の人間性を受け入れるという行為が必要です。そのためにも古い自己イメージを手放すことです。

そして核となる意図や目的を再度確認しましょう。自己責任で出発することです。この気概が大いなる輝きをもたらし、何倍もの力を発揮させるでしょう。

この「音5」をもつ人は、遠慮気味のスタンスを取るため、中心的立場に立ってこそ底力を発揮します。方向性が定まったときの一途《いちず》さでどんな困難も越えていくでしょう。

◉音8　←シフト（移行）する
◉音9　←拡大する
◉音10　←生み出す
◉音11　←解き放つ
◉音12　←普遍化する
◉音13　←新しいサイクルを生み出す

音6…バランスをとる

1つの点（・）と横棒（－）はグラウンディングした状態を表しています。地に足をつけて、しっかりと現実を生きることです。それは過去でも未来でもなく、「いま・ここ」を入念に刻むように生きること。思い描いたことを具現化することともいえるでしょう。

そこは誰もが平等であり、対等です。

また六芒星《ろくぼうせい》のエネルギーは共生を意味しています。柔軟な感覚で活発に動くことで、生き生きとしたバランスがとれ、共生社会という地球に天国がもたらされるのです。そのポイントとなる段階です。

この「音6」をもつ人は、物怖《ものお》じせず、大胆に物事を断行するときに、大いに必要とされる存在です。

音1 引きつける ← 音2 分ける ← 音3 つなげる ← 音4 識別する ← 音5 中心を定める ← 音6 バランスをとる ← 音7 チューニングする

音7…チューニングする

「銀河の音」1～13の真ん中に位置するのが「音7」です。音は足した総和が14となる音の組み合わせが補完関係（168頁）であり、反対の関係でもあります。「7」は補完、反対も同じ「7」となるため神秘そのものです。「神秘の力」で人は目覚め、覚醒され、気づきを得るのです。この神秘の力とは宇宙の本源と直接つながったエネルギーとも表現できるでしょう。

また天と地が発する情報に波長を合わせやすい状態です。それゆえ、さまざまな情報が入ってくるでしょう。ということは、当然のことですが精査が必要となります。いかに精度の高いものとチューニングするかがテーマともいえるでしょう。

この「音7」をもつ人は、情報に関わること、神秘の領域で大きな成果を上げる人材です。

← 音8 シフト（移行）する
← 音9 拡大する
← 音10 生み出す
← 音11 解き放つ
← 音12 普遍化する
← 音13 新しいサイクルを生み出す

音8…シフト（移行）する

「音7」で本源とつながり縦の軸が定まると、次は横軸への展開となります。そのためには調和と共鳴が必要不可欠になります。

例えば、音叉《おんさ》という金属製の音響器では一方を打てば、もう一方に振動が伝わり響き合うという現象が起こります。これが共鳴です。共鳴を感じるほど、力強さが増し加わるでしょう。

調和とバランスは他の存在への思いやりがもたらすものです。

完全な調和が起こると、新しいオクターブへのシフトが起こります。活動のステージが次のステージへと移行するのです。そして無限の可能性の扉が開き始めるのです。

この「音8」をもつ人は、人間関係をはじめ、生命ある有機的存在との関わりで輝きを放つでしょう。

◉音1 引きつける ← ◉音2 分ける ← ◉音3 つなげる ← ◉音4 識別する ← ◉音5 中心を定める ← ◉音6 バランスをとる ← ◉音7 チューニングする

音9…拡大する

「音8」は全方位を意味します。そのうえで「音9」は、さらにワクワクという躍動感を心の底から実感すると、強力な拡張のエネルギーをもちます。このエネルギーは人々を勇気づけ、元気を届けます。

いよいよ全体像である「グランドデザイン」が明らかになってくる段階です。完成を迎えようとしているのです。希望とともに喜びを実感することで、人々を照らす光が現れます。

この「音9」をもつ人は、人々に勇気と希望を届ける太陽のような役目を担った存在です。幼子のような純粋さをもち続けることが大事です。

◉音8 ← シフト（移行）する
◉音9 ← 拡大する
◉音10 ← 生み出す
◉音11 ← 解き放つ
◉音12 ← 普遍化する
◉音13 ← 新しいサイクルを生み出す

◉ 音10…生み出す

「音9」のグランドデザインを具体的なかたちにする段階です。物事の具現化は根本的には、「意図・動機の純粋性」が重要なキーポイントを握っています。そこの純度を上げることが何より大事なことです。

また、具体的なかたちにするためには、イメージできることも大事な要因です。イメージが明確で鮮やかであるほど、実現性は高いでしょう。ある意味、「具現化」こそシンクロニシティであり、多次元の作用が関わっていることを意味しています。

横軸2本は2つの次元が向き合っていることを象徴しています。物事が現実化するためには、目に見えないビジョンと目に見えるかたちの一致、すなわち2つの次元の一致が必須です。

この「音10」をもつ人は、背後から地道に応援するような面もあり、教育分野などに必要とされる存在です。

音1 引きつける ← 音2 分ける ← 音3 つなげる ← 音4 識別する ← 音5 中心を定める ← 音6 バランスをとる ← 音7 チューニングする

音11…解き放つ

「音10」で具現化したものを「音11」は「不協和音」のエネルギーで浄化し、磨きをかける段階です。不要なものを徹底して削《そ》ぎ落とし、本質に到達するには避けることのできないプロセスです。「音11」のエネルギーは、古い習慣や枠組みを外すように誘導します。改革は手放すことから始まります。崩壊のプロセスを受け入れることで、より多くの叡知が入るスペースが確保できるのです。

変化と浄化が繰り返され、最終的には大事なものだけが残ります。そのときこそ「本当の自分」が姿を見せ始めるのです。

現状を打破したり、閉塞状態を突破するためには「音11」のパワーが必要です。新たな展開の口火を切る役割を果たしてくれます。

この「音11」をもつ人は、改革に是非とも立ち会ってほしい人材です。

← 音8 シフト（移行）する ← 音9 拡大する ← 音10 生み出す ← 音11 解き放つ ← 音12 普遍化する ← 音13 新しいサイクルを生み出す

音12…普遍化する

「音11」がスクラップしたものを終結させ、後かたづけするステップが「音12」です。処理能力、解決能力が問われる段階でもあります。ここは1人で対応せず、チームをつくり、問題を共有し分かち合うことに尽きるでしょう。

1つのパターンをつくるためには、その目的のために人生を捧げるほどの覚悟が必要です。その延長線上に普遍化は可能となるでしょう。

この「音12」をもつ人は、少々のことにはこだわらない度量の大きさをもっています。いわば清濁併《あわ》せ呑《の》むといった印象です。相談に乗り、問題を一緒になって分かち合うことができるでしょう。相談に関わり、多くの人々から頼られる存在です。

音13：新しいサイクルを生み出す

見えない力、予期せぬ力が働き、根本的変化が引き起こされるでしょう。しかも人生を劇的に根本的に変える予期せぬ変化が迫っています。

オープンハートで柔軟性を維持することが大事です。いよいよ予期せぬプレゼントを受け取るときを迎えたのです。

「音13」は1つのサイクルの終わりでもあり、新たなサイクルの始まりでもあります。この音をもつ人は、長期的な視野に立って物事を冷静に見ることができます。また忍耐力もあります。

1つのことに没頭することで、絶大な信頼を受けるでしょう。

「銀河の音」の意味と現在の自分とのギャップ

自分の「銀河の音」を知り、「本来の役割（第2章参照）」を理解していくときに、「現在の自分とあまりにかけ離れている」という場合があるはずです。また「今、自分が携わっている仕事は『銀河の音』の意味からみると、全くちがうのではないか」と感じる人も少なくないかもしれません。

そのような場合、どのように考えればいいのでしょうか。

今まで通過してきた境遇やそこで染み込んできた価値観の影響も多分にあり、「銀河の音」の意味を実現すべく〝最短距離〟を進む人は滅多にいません。たとえ今の時点で「銀河の音」の意味を実現できていないとしても、何ら焦る必要はないのです。

歴史上「偉人」と呼ばれる人物でさえ、最初から「銀河の音」の意味のごとく生きた人は稀《まれ》です。紆余《うよ》曲折を経て、最終的に目的地に到達し、生きる意味を開花させれば、それで十分なのです。

とはいえ、「銀河の音」の内容と、現在の自分が大きくちがう理由は知っておいたほうがよいのではないでしょうか。簡単に説明してみましょう。

人は目的に向かいさまざまな選択をします。ある意味、人生は選択の連続であり、その選択の積み重ねが今現在の人生につながっています。

この選択は基本的には、一人ひとりの自由意思にゆだねられています。

残念ながらこの世の習慣性で、損得や他人からの評価を気にして誤った選択をしてしまうことも起きてしまいます。

その結果は自らが引き受けなければなりません。しかしその過程を通じ、一人ひとりの魂の学びとなり、意識の進化に結ばれるとすれば、意味のある必要な誤りだったということになります。

まさに、私たちの人生は〝修行の場〟であり〝修行の期間〟ともいえるでしょう。

ただ自由意思の「誤用」により、意味が正反対になってしまうことは避けられないことです。

それによって回り道となることもありますが、結局のところ、気づきを得ることができれば、「すべてよかった」ということになり、過去を心から肯定できるようになります。したがって、たとえ「銀河の音」の本来の意味と現在の自分がかけ離れていたとしても、失望したり落胆する必要は全くありません。

そもそも宇宙は光と闇とで成り立っています。つまり、闇を経験して光を知るということが避けられない相対的世界なのです。

言い換えれば、無知を通過しながら知へと向かう過程が、私たちの生そのものといえるでしょう。

私たちは、魂・覚醒の旅を続けながら、あまりに膨大な「未知の領域」の扉を少しずつ開け、そのたびに深い感動と至福を味わうのではないでしょうか。

「銀河の音」を知ることから、本格的に魂・覚醒の旅は始まるのです。

宇宙のリズムに合わせる

古代マヤ文明においては、数学と天文学の知識が突出して発達していましたが、その理由については今なお謎とされ、未知の領域に留《とど》まっています。

ただし、このことは確実にいえます。マヤ人たちは自然現象や太陽の動きが、大地に影響を与え、そこで起こる気象条件が植物の生長や動物たちの生育に大きな影響を及ぼし、その結果が自分たち人間の営みすべてに及んでいることに気づいていました。


人間と自然、宇宙は見えないところでつながり、深く関わり合っています。人間は自然や宇宙から強く影響を受けています。

宇宙の鼓動は大地の鼓動と連動し、大地の鼓動は人間の鼓動に大きく関わっています。この鼓動こそがリズムです。人間は宇宙のリズムに合わせて生きることが、本来のあるべき姿であったことをマヤ人をはじめ、先住民たちは深く理解していたのです。宇宙の流れを理解せずして、人間の本質にはたどり着けないことを十分に知っていたのです。

宇宙のリズムこそが、本来の時間です。

古代マヤ文明は「時間の文明」ともいえるものです。

マヤ人たちは時間の謎を解き、時間の本質を明らかにすることこそ、自らに課せられた重大なテーマだと感じていたのではないでしょうか。

巨大ピラミッドや高度な天文学、ゼロの概念に象徴される高等数学など、つきつめればすべては、時間の本質を解明する道具だったのです。

ちなみに、古代マヤ文明においても太陽暦が使用されていましたが、現代世界で使われている「グレゴリオ暦」（1年を365・2422日と計算）に極めて近い365・2420日と計測されたものです。1000年以上も前に計算されたこの精巧さは、驚異的なことではないでしょうか。

「時間」を「意識・エネルギー」と考えたマヤ人

ツォルキンとともにマヤ人が使っていた17～19種類の暦は、自然と天文現象を精緻《せいち》に観察し、その結果に基づいてつくられたものです。

しかし、それは単なる「天文学」という認識ではありません。マヤ人は「時間」を単に〝刻むもの〟ではなく、〝意識・エネルギー〟としてとらえ、考えたのです。

私たちは時間といえば、すぐに時計を思い出します。しかし、大事なことは、マヤ暦における時間は、決して時計ではとらえられない「時間」なのです。

マヤ暦の「時間」を理解し、少しでも感じるようになれば、私たちの時間に対する意識が変わり、リズムが変わり、ひいては人生までが大きく変容を遂げるでしょう。

「本当の自分とは」「本来の役割とは」「どう生きるか」「どこへ向かったらよいか」

すべてが明確に示されるでしょう。宇宙の本質やエネルギーを知り、そこに歩調を合わせることでシンクロニシティやミラクルも当然のように起こり続けるでしょう。

この辺りが、マヤ暦の叡知が伝える重大なメッセージの概要です。

精緻に運用されたマヤの暦

マヤ暦が示す時間の流れのサイクルは13日、２６０日だけでなく、52日、４年、13年、26年、52年というサイクルがあります。

そのすべての大本となるのが13日間のサイクルであり、これが最小サイクルになっています。

たとえば、マヤ暦にも非常に精巧な太陽暦があったことはすでにお伝えしました。

マヤ暦では、この太陽暦とツォルキンの２つの暦を連動させ、さまざまに思考を重ねます。このため、太陽暦の３６５日とツォルキンの２６０日の最小公倍数である１万８９８０日（52年）が、非常に意味のある期間となります。

その大本になっているのも、いうまでもなく13の「銀河の音」のサイクルです。

また冒頭で少し触れた短期暦というのは、太陽暦の360日の周期を13と20の比で割り振った約256年周期の暦です。

ここでもやはり「13」という数字が鍵になります。

付け加えておくと、「2012年12月の冬至辺り」で世界が終末を迎えると話題になり、『2012』（ローランド・エメリッヒ監督）という映画のきっかけになったのが長期暦です。これは、精緻な天体観測から得られた太陽黒点の大周期936万日を5分割した187万2000日（約5125年）から計算されたものです。

936万という数字も13でぴったり割り切れます。

「13」という数字が意味すること

マヤ暦は「13」を基数としたサイクルになっています。

この「13」という数字は、欧米を中心としたキリスト教文化圏で忌み嫌われてきた歴史があります。ビルなども12階の次が14階になっていたり、かつて死刑囚が死刑台に向かう階段が13段だったことから「13」は死刑の隠語として使われていたこともあったほどです。

しかし、「13」は本来、「宇宙の定数」ともいうべき重要な数字なのです。

前の頁で太陽黒点の大周期について紹介しましたが、ほかにも自然界や宇宙に見られる13にまつわる現象などには、次のようなものがあります。

①太陽のウォルフ黒点数の極小値の平均周期は、約130年（13×10年）である。

②地球の衛星である月は1年間でほぼ13回、地球の周りを回っている。
③地球の地軸にはブレがあり、これが円錐運動を起こしているとされます（地球の歳差運動）。その周期は2万6000年、つまり2万6000＝13×20×100である。
④海の波の周期は1分平均18回で1日2万6000回前後。
⑤人の呼吸の回数は1日当たり2万6000回前後（1分平均18回として）。
⑥火星の会合周期（太陽―地球―火星と並んだ時点から数え、次に同様の状態になるまでの日数）は780日（13×60日）。
⑦生物の絶滅の周期2600万年（シカゴ大学　J・セプコスキー、D・ラウプ氏）。

④の寄せては返す海の波の回数（1日当たり）と、⑤の人の呼吸の回数（1日当たり）はほぼ同じです。私たちが海に出かけ、波の音を耳にすると心が妙に落ち着くのは、波の周期のリズムに私たちの呼吸のリズムが一致することが大きな要因でしょう。

このように13という数字は、自然界や宇宙の至るところに潜み、真実を秘めているのです。それゆえ、この13という数が真理や真実を知るキーポイントとなります。

封印されてきた「13」

私たちが今使っている時間は60秒、60分、12時間、12カ月で表される12進法と60進法です。

現代文明への流れは、およそ5000年前にエジプトやバビロニアで始まりました。そのときエジプトやバビロニアの神官たちは、それまで使っていた13のサイクルの暦を隠し、新しく12のサイクルの暦や「時間」を無条件に受け入れ、これに従う生活が習慣化されました。

なぜ13というサイクルが、12というサイクルに変わってしまったのでしょうか。当時の神官たちが、13から12のサイクルの暦に改編したのには、ある狙いがありました。それは13のサイクルに現れてくる「真理」「真実」を隠すことによって、人々を容易に支配できることを知っていたからです。真実を知らない人々を支配し、従属させるために12のサイクルを使用し利用したのです。

それ以来、地球の多くの地域で12：60というサイクルの「時間」が人々の心に定着するようになりました。「時間」は過去から未来へ流れるだけのものと認識され、それ以外の意味はなくなってしまったのです。

この12：60の時間が歴史にもたらしたものは、富と支配、そして〝権威〟の論理でした。その結果、人類は特定の支配者のもとに従属させられるようになり、つくられた〝権威〟を信じ込まされ、支配に逆らう者を屈服させるための争い、すなわち戦争へ駆り出されたのです。

そして今日では〝富〟と〝名声〟という言葉に象徴されるように、〝利害〟や〝打算〟、そして〝他者からの評価〟に価値を置いた、いわば「かたち中毒」へ行き着いています。1人の人間の価値を学歴、職歴、社会的立場、資産など「かたち」ですべて評価する傾向が色濃く幅をきかせています。

また12：60のリズムは競争や比較、争いを好みます。自分の立場を強固にし、維持するためには手段を選ばず、個人攻撃でも何でも仕掛けます。

支配者たちが、13のサイクルを消し去ったことによって、人々の目には真実が見えなくなりました。これによって、もともと「時間」がもっていた宇宙からのメッセージも、失われることになったのです。

私たちは、競争や比較、争いを好む12：60の時間の心を離れ、今こそ自然の調和と秩序をもたらす13のサイクルへ、心の中心軸を移動させなければなりません。

これこそが、世界人類から個人が抱えるすべての問題や課題に対する究極の解決法に他なりません。

マヤ暦の13に秘められたメッセージを伝えることが、ひいては人類が向かう未来に明確で希望溢れる方向性を示すことにつながります。膨大なマヤ暦の叡知の中で、まず13の「銀河の音」のサイクルから親しんでみましょう。

改暦で大きく変化したリズム

今まで私たち日本人も、知らず知らず西暦（グレゴリオ暦）のリズムの中で日々を過ごしてきました。

そもそも日本が今日使用している西暦に移行したのは、「明治の改暦」と呼ばれ、当時の政府が明治5年12月3日を明治6年1月1日に変えたことに始まります。明治6年は、旧暦でいう「うるう月」のある年でした。その1年は通常よりひと月多い13カ月。12月3日の改暦で、計2カ月がなくなったことになりました。深刻な財政難にあえいでいた明治政府は、この措置で役人の給料を2カ月分削ることができたといいます。掛け売りを主とした商売人などは大変な思いをしたにちがいありません。

この改暦辺りから「自然時間」から意図的につくられた「時計時間」への流れが加

速し、物質主義、科学技術優先、とどのつまり「かたち中毒」へと一気にハンドルを切ったのです。すべてを「かたち」で判断し、一個人については「行動」と「結果」で評価する習慣がついてしまいました。

しかし、「かたち」はあくまで本質ではなく、いわば影のようなものです。一時的なものであり、そこに永遠性はありません。過度にそこにフォーカスすると、本質を見失い、最も大事な「本当の自分」にたどり着くことができなくなってしまいます。深い味わいをかみしめることのない、表面的で味気ない人生となってしまうでしょう。

また、西暦のリズムは私たち人間を「自然」から遠ざけ、生体リズムに「ゆがみ」や「ひずみ」が生ずるという結果を招いてきました。

例えば、松尾芭蕉の名句「五月雨《さみだれ》をあつめて早し最上川」

ここでの「五月雨」は5月の雨ではなく6月（旧暦5月）の梅雨で、水かさが増した最上川の様子を表現しています。

また「五月晴れ」は梅雨の合間の晴れた天気を表したものです。

このズレが時間の経過とともに、ゆがみを生み、本来の人間としての最も大事な五感などの敏感さを見失うという結果につながっているのはまちがいのない事実です。
長い年月にわたり、私たちの細胞の隅々に至るまで、この「グレゴリオ暦」のリズムが染み込んでいるのです。

「グレゴリオ暦」に象徴される「12：60」の人工のリズムから、マヤ暦の「13」の自然のリズムへシフト（移行）することで、無限の可能性の扉が開かれ、シンクロニシティとミラクルに溢れた日々を送ることが可能になるのです。

また、今、私たちが従っている「時間」、それは12時間、60分で計算される機械的な時間です。朝7時になれば起きて会社や学校に行く、12時になれば昼食を食べ、5時か6時になれば終業し、7時に帰宅する。

この場合の「時間」は、ほとんどの場合、仕事や金銭を稼ぐためだけに存在するものです。余暇の時間は、金銭を得るために心身を休息させ、回復させるための時間にすぎません。

私たち現代人にとって、年や月日、毎日の時間といったものは、時の経過を測る単なる単位であり、時計の針が刻む機械的リズムにすぎないのです。

そこには湖面の静寂が漂い、渓流のせせらぎが奏でる生命の鼓動、雨や風が織りなすリズムはなく、〝生命の息吹〟が感じられない機械的な時間が流れているだけです。

そこから見えるのは、自然界や宇宙のリズムと切り離され、競争に明け暮れ、生活に追われ、本質を見失い、孤独に生きる現代人の姿です。

私たちは今、混迷の時代に生きています。自分が何のために存在するのか、わからなくなっています。

それもすべてマヤ暦が伝えたかった「時間の本質」を、私たちが見失ったことからきています。本当の時間は機械で測れるものではなく、心でしか感じることができないものなのです。

時間の本質を見失った現代人の大きな勘違い

今まで「時計時間」を中心に生きてきた私たちは大きな勘違いをしています。代表的な2つを取り上げてみましょう。

「本当の自分は、自分が思っている自分像とはかけ離れていることが多い」

「本当の自分」は自分の想像をはるかに超えた存在ということです。何しろ無限の可能性が「銀河の音」としてDNAに埋め込まれているのですから。

「本当の成長は、学んだことを忘れ去り、実はそこにある自分を表現することを妨げているすべてのものを捨て去ることによって始まる」

ほとんどの人々は、成長とは何かをつけ加えていくことだと教えられ、信じ込んできました。逆なのです。この言葉が示すとおり、物欲に始まり、自分なりの思考や物の見方、偏見など、1つずつ捨て、空《から》の器を備えることが成長です。純粋さは大きな宝であり、感動とともに日々生きるようになります。深い味わいを感じながら、生きることが私たちの魂の成長には不可欠です。

人工的につくられた「時間」で染みついた勘違いをツォルキンとともに生きながら、少しずつでも修正しましょう。

結局のところ、マヤ人は後世に「時間の本質」を伝え、「本当の自分」へ帰還し、「本来の役割」に生き、想像もできない至福の喜びへ案内したかったのでしょう。

マヤ暦を意識して日記をつければシンクロニシティがよくわかる

「銀河の音」の意味やリズム、そして流れは、日記をつけることによってとらえやすくなります。

その日、どんな出来事があったか、心の動きはどうだったか、誰と会ったかなど。それらを日記につけ、自分の「銀河の音」の意味と照らし合わせてみるのです。

一日一日を意味あるものととらえられるようになり、宇宙から限りなく降り注がれているであろう叡知にチャンネルを合わせやすくなります。チューニングが上手になればなるほど、多くの気づきを得て、驚くほどのシンクロニシティに人生が誘導されていくことを実感するでしょう。

ツォルキンの260日の流れを強く意識し、つくられたのが『マヤミラクルダイアリー』です。これは私が代表を務めるシンクロニシティ研究会が監修するもので、「13」×「20」＝260のサイクルを1冊にまとめたものです。「銀河の音」と連動し、13日を1つのサイクルとした日記帳です。

「銀河の音」の意味をイメージしながら、一日一日記すのです。1日を終えた就寝前、あるいは翌朝に記すのがよいでしょう。

瞑想や日記を記すことは「自分と向き合う」行為そのものともいえるでしょう。「自分と向き合う」とは「自分に問いかけてみる」ということです。

この機会をしっかりつくり、自分のインナーチャイルド（潜在意識）に働きかけることで、メンテナンスされたことになり、否定的な衝動が極端に少なくなるでしょう。『マヤミラクルダイアリー』を記すことで、その日のエネルギーと13日の流れを自然に意識できるようになります。

この習慣こそが、「本当の自分」への帰還を強くサポートすることになります。

第2章

誕生日で決まる「銀河の音」あなたの特徴と役割

・

1

特徴

意思決定

役割

1つにする

音を共鳴させる3つの力

■責任感
■決断力
■公平

音1の役割

「音1」の人は、1つにする役割をもっています。

多くの人にとって幸せとは「1つになること」です。親子、夫婦から国家、世界に至るまで。「音1」のエネルギーをもつ人は、これを実現することができるのです。

1つにするためには、まずは相手を「認める」ことから始まります。すべての存在には、今に至るまでの流れがあります。その流れを尊重することです。

ここで気をつけたいのは、「認める」「尊重する」と「同意する」「受け入れる」はちがうということです。逆の言い方をすると、「認める」「尊重する」ことは必要ですが、「同意する」「受け入れる」は、あえてしなくてもかまわないということになります。

1つになることは、「シンクロニシティ」や「ミラクル」を呼び寄せる秘訣です。どこまでも1つになることに意識を向けていきましょう。

また「・」はトップ、先頭を表す数でもあります。トップに立つ者は、周辺に起こることすべては自らの責任であるという姿勢が信頼を生みます。

秘められた能力

本来の「音1」を生きている場合、責任感の強さが至るところに顔を出します。それに付随し、決断力ももちあわせています。迷いが少なく、即断即決型です。そこに頼もしさを感じ、多くの人々が惹き寄せられます。

キーワードは「受容」

すべての出発は「立つ」ことから始まります。選挙などでは「立候補」、相手からの挑戦を「受けて立つ」などと表現します。この「立つ」を具体化するためのポイントは何でしょうか。まず置かれた環境を受け入れることです。要するに「受容」から始まります。

人生には宿命と運命があるといわれています。運命は自由意思の範ちゅうで変えることも可能とされています。ただし、宿命は変えることはできません。生まれた場所、両親、身体的特徴など。その環境や境遇の中で、人生の幕が開くのです。

いつも置かれた環境や状況を肯定し「受容」しましょう。決して自分勝手な判断で決めつけたりせず、広く寛容な心をもつことです。

人間関係

「・」は唯一分割できない「1」という単位です。この段階では関係は未だ生じません。ここでは、個人として人間関係に対する根本的な考えを身につけることが必要です。

具体的には、自分と他者を分けて考えず、すべてを1つとしてとらえることです。決して境界線を引かないことです。公平の精神です。

大事なことは、自分の周囲で起こることは自分の内面（潜在意識）の反映ととらえ、自分の責任と考えることです。相手の反応や態度に左右されず、ひたすら自分の責任を全うすることに意識を集中させるのです。この変わらない姿勢が絶対的信頼を生むのです。

またその誠実さが宇宙へのつながりを強め、いわば磁気を帯びた状態になります。その状態を確立すると、次々に必要な人やものが引き寄せられるという現象が起きます。

・1

心がけたいこと

「・」という数がもつ他の数との最大のちがいは、「分けることができない」という点です。その特質を考えれば、「音1」をもつ人は、分け隔てせず、誰に対しても公平な心で接することが大事です。私情をはさまないことです。

また「音1」の人はトップに立つ役割があるために孤独を味わうことも多々あります。決断は、最終的に1人孤高の中でするものです。

この孤独を成長の糧とするためには、宇宙とのつながりを実感することです。「時計時間」から「自然時間」へ少しでも移行すれば、無理なく「つながり」を感じることができます。まずは「ツォルキンカレンダー」(第5章参照)を強く意識してみてください。

「音1」は「類は友を呼ぶ」という「引き寄せ」という現象が短期間で起きやすいのも特徴です。引き寄せられるものは、自分のレベルと同じものです。これを有効なものにするためには、他者に目を向ける以上に、自分自身を高めることです。それゆえ困難なときほど、外に目を向けるのではなく、自分の内面を見つめる習慣を身につけましょう。

ただし、「音1」の人にはさまざまなことを同時にこなす器用さはありません。一つひとつ順番に取り組み、処理することが賢明です。

・1

著名人とエピソード

歌舞伎には幾つかの大名跡がありますが、「團十郎」は特別といわれています。例えば「にらみ」は團十郎家に継承される見得《みえ》の1つで、江戸時代には「にらみを見たら、1年間無病息災で過ごせる」といわれるほどでした。また二代目は千両という破格の出演料を得たことから「千両役者」という言葉が生まれています。

このような大名跡を継いだ十三代目。「音1」のため、海老蔵時代から格段の注目を集め、将来自分が歌舞伎界を背負っていくという責任に目覚めていたのはたしかでしょう。妻・麻央さんの闘病生活を支え、他界後は周囲の協力を得ながら娘、息子と共に日々、歌舞伎の稽古に勤しんでいます。

「音1」は存在感が漂い、声を上げると多くの人々がそれに応じて動くようになるといったシチュエーションになるものです。それほど引き寄せる力が強く発揮されやすいのです。「十三代目 市川團十郎白猿」の襲名は、市川宗家、歌舞伎界にとって待ちに待った大きな出来事でした。

••

2

特徴

二極性

役割

関係を築く

音を共鳴させる
3つの力

■選択能力
■直感
■突破力

音2の役割

「・」から「••」へ移行すると、ここではじめて関係が生じてきます。あらゆる場面で関係を築くのが「音2」をもつ人の役割です。

すべての関係は、存在を認めることから始まります。そして、尊重で成り立っています。

マヤ人には「インラケッチ」「インラケッシュ」というあいさつの言葉があります。

この言葉は「私はもう1人のあなたです」「あなたはもう1人の私です」という意味です。マヤ人の「インラケッチ」の精神からすれば、「認める」という行為が「認められる」ことにつながるのです。

認めるということは共感することでもあります。逆にいえば、共感は存在を認めるという行為そのものです。

このことを忘れずに、役割を果たしてください。

秘められた能力

「・・」は「二極性」を意味しています。身近でわかりやすい典型は、男性、女性です。「二者択一」という言葉が示すように「2」は選択を表す数でもあります。

実はこの選択と密接な関係にあるのが直感です。なぜなら、私たちが何かを選択する場合、まず瞬間的に直感が働きます。それからさまざまな事情や要因を鑑みて判断するようになっています。音2をもつ人は何といってもこの「直感」の精度が抜群です。

直感は「魂の声」ともいえるものです。そこには自分の考えが入り込む余地がありません。

かつてあるテレビ番組で「ファイナルアンサー」という言葉がもてはやされました。しかし、最も肝心なのは「ファーストアンサー」なのです。

文字のごとく、最初の答え（ひらめき）です。時間が経《た》つにつれ、さまざまな考えが浮かんできます。そこには、エゴの象徴である「打算」が入り込んできます。直感の示す「ファーストアンサー」はそれが入り込む余地がありません。そこが重要です。

また、停滞している場合や、現状突破を必要とするときなど大いに力を発揮します。そのためには明確な目標が必要です。思い入れの強いものほどモチベーションが上がり、具体的な成果も期待できるでしょう。

「音2」の人は、1つ越えれば、また1つと次々に坂道を乗り越えていくイメージです。そんなこともあり、常に緊張感をもち続け、なかなか神経を休めることができません。

なかには、どちらかハッキリしなければならないという呪縛の中にいる人もいます。あまりにこの思いが強いと「迷い」と「葛藤」が増長するばかりです。ときには保留でもよいのではないでしょうか。どうぞ、焦らず、慌てず、ときにはゆっくりと……。

キーワードは「挑戦」

「挑戦」することで、自らに磨きがかかり、輝き始めます。チャレンジ精神は、私たちに「意欲」と「前向きな気持ち」をもたらしてくれます。大事なことは「挑戦」と「希望」はセットのようなものです。聖書の中でもイエス・キリストは、人生の中で最も大切なものとして「愛」「信仰」「希望」を挙げています。人は「希望」を感じるからこそ奮闘し、すべてを投入できるのです。

人は「挑戦」を続けるかぎり、「時計時間」を超え、青春を生き続けるのです。

人間関係

「音2」の人間関係の大きなポイントは、しっかり向き合うことです。「何が問題で、まず何をしたらよいのか？」しっかり向き合うことで、エネルギーは集中し、充実したコミュニケーションが成立するでしょう。

人間関係のトラブルで悩む人は、根本的に相手を認める量が驚くほど少ない傾向にあります。自分の思いや意見を通そうとする以上に、まず、腰を据えて相手の話を聞くことです。

他の音とちがう点は、直感タイプが多く、発言が突然変わることがあります。白黒ハッキリさせようとする意識が強いほど、迷いと葛藤が生じるでしょう。その都度、ジャッジすることにこだわらないことが大事です。

また鋭い感覚をもっているため、批判は極力避けることです。そもそも批判は、自分が正しく、相手がまちがっているという思いからなされるものです。自分が正しいという考え自体、かなりの吟味が必要ではないでしょうか。

古くからの日本のことわざに「親しき中にも礼儀あり」があります。失礼なことは極力しないこと。「礼」を尽くすことができれば、どんな関係も崩れることはないでしょう。親しき中こそ尊重することで、すべてがスムーズに運ばれるでしょう。

こんな耳が痛い名言があります。

「あなたの人間性にたいする最も高い評価は、あなたのそばにいる人々からくる」

背筋を伸ばしてくれるような言葉です。

心がけたいこと

「音2」の人はややもすると「比較」の概念が強く出てきます。これは避けなければなりません。分離意識を増長するものだからです。

また「比較」は「批判」の温床ともなりかねません。繰り返しますが、「批判」はほとんどの場合、相手がまちがっていて、自分が正しいという思考からくるものです。この思考は自らの視野をせまくし、インナーチャイルド（無意識レベル）を粗くして傷つけることになります。

花は、それぞれに咲く時期がちがいます。一概に比べることなどできるはずもありません。

また、〇×ですべてを決めつけないことです。△もありです。

「音2」の人は結論を急ぎやすいので、あわてずに自分自身の「内なる声」に耳を傾けることを心がけましょう。

極端な発想も得意技です。そのため失望もしやすいのです。作家の城山三郎さんが「どんな事態にも、第三の道がある。そう思えば、人生にも新しい風が吹いてくるのではないか」といった言葉を残しています。この言葉を心の片隅に記憶しておきましょう。

著名人とエピソード

日本球界、米大リーグでも活躍し、日本球界にも多大な影響を及ぼしているダルビッシュ有《ゆう》投手と聖子夫人は共に「音2」です。

「音2」の象徴的な意味合いの大きなポイントが「関係」です。他のどの音より、関係ある存在や環境の影響を知らず知らずのうちに受けることが多々あります。

ダルビッシュ投手と聖子夫人は「音2」同士でもあり、かつて女子レスリングの日本代表として世界の舞台でも大活躍した経験があります。そのためスポーツに関わる夫の立場に立ち健康管理や精神的サポートなど、見事にフォローしている感じがします。

各々の立場で「音2」ゆえに、自らのスキルにさらなる磨きをかけることに挑む。それを互いに尊重し、理想に近いペア、夫婦になっている印象です。

２０２３年のワールド・ベースボール・クラシック（ＷＢＣ）で「侍ジャパン」が優勝を飾りました。チームが結成され、合宿が始まった同年2月、誰よりも早くキャンプ地・宮崎に入り、チーム結束のため年長者として奮闘したダルビッシュ投手。10代後半から20代、ヤンチャで周囲に迷惑をかけていた頃とは、別人です。雲泥の差と感じるほど、パートナーはじめ、周囲の環境で大きく変容を遂げるのが「音2」の大きな特徴でもあります。

コミュニケーションを大事にしながら、同じ方向へ進む限り、この二人三脚は崩れることはないでしょう。

・・・

3

特徴

活性化

役割

チームづくり

音を共鳴させる3つの力

■つなぐ力（協力体制）
■奉仕
■異なる視点

音3の役割

この世界の空間の次元数は「・・・」であると信じられています。縦、横、高さの3方向に広がりをもつ空間を3次元空間と表現しています。

また「第三者」とは、当事者とは異なる別の視点に立つ人を表す言葉です。

物事はさまざまな「つなげる」や「結ぶ」という行為で新たな展開や変化が生じたり、活発な動きが本格化します。これらの行為は、信頼を土台としたものです。

「音3」の人は信頼されやすい傾向にあり、人と人の間に化学反応を起こさせる役目をもちます。

秘められた能力

1つのプロジェクトは、万全な協力体制を組むことが目的成就の最大のポイントになるでしょう。仕事でも、社会生活でも、家庭内でも例外はありません。それを実現するためには「音3」の力が必要です。

生まれながら、奉仕の心を根強くもっています。そして自分自身をより大きな目的のために捧げます。その姿勢を貫くと、周囲の人々は協力を惜しまないでしょう。

突飛で理解に苦しむような言動や行動が少なく、良識派ともいえます。

大事なことは、打算を超えることです。またエゴとプライドは、協力を阻害し、チーム結束の妨げとなります。

キーワードは「未知体験」

「音3」の人は、決めたことに対しては真摯に取り組む誠実さがあります。さらに見識を広げ、大きな器を準備するためには、今まで体験したことのない未知体験をしてみることです。この体験を経て別の視点から物事をみることを覚えるのです。

人間関係

多種多様な人々とつながりをもちやすいのが「音3」です。つなげる役割を果たすためには、相手の気持ちに少しでも理解を示すことが大事です。自分の体験をしっかりと刻むように日々を過ごすことを心がけましょう。

また奉仕的な生き方を模索してみましょう。奉仕とは「仕える」ことです。これは自分の思いや考えを捨て去ることで実現可能となります。これを実践すると多くの協力者が次々に登場することになります。

具体的に行動することで大きな信頼を得るでしょう。行動することは味わうことにつながります。生き生きとした感覚を感じてみましょう。心が柔らかくなることで、すべてがスムーズに運ぶようになるでしょう。

心がけたいこと

つなげたり、結ぶという行為は、何より信頼と信用あってのものです。最終的に「何のために?」が問われます。そこに打算やエゴ、プライドが多く含まれているとやがてトラブルとなるでしょう。

とくにプライドが高い場合、正直さを失うことになりかねません。周囲との関係の中で輝き、能力を発揮する「音3」だけに、このあたりは生命線です。

著名人とエピソード

これまで将棋界の名人、竜王はじめ八冠のタイトルは「音2」が大多数を占めてきました。これは「直感力」「選択力」の優位性が顕著に表れた結果ではないかと感じます。

ところが天才がひしめく将棋界で国民的ヒーローともいえる藤井聡太七冠（執筆当時）。藤井さんは「音3」です。これはこれまで棋士本人の鋭角的な直感とひらめき、そしてどこまでも挑む、立ち向かう気持ちなどの表れととらえることができるでしょう。

これは現代将棋のあり方自体が「音2」からアップデートされ、「音3」の時代になったことを象徴しているのではないでしょうか。すなわちこれは「直感」「選択力」に「AI」を活用し、融合させた手法が「音3」です。

どうも「AI」依存になってしまう棋士も多い印象ですが、藤井さんはご自身の感覚と照らし合わせながら見事に使いこなしているのではないでしょうか。

またプロ棋士は等しく「数学」の天才ばかりといわれていますが、藤井さんは小学校低学年より新聞を愛読し、国語力もずば抜けているとのこと。国語力の基軸の1つが「読解力」で、この能力を駆使し、相手の打つ手をあらかじめ察知しているのかもしれません。このように2つの力を統合し、さらなる化学反応を起こさせるのも「音3」の得意とするところです。

電子決済システムで財をなし、次々とM&Aでグループ会社を拡大したイーロン・マスク氏。電気自動車に力を入れるテスラ社に多額の出資をし、経営権を手にしました。テスラ社は同氏が関わったこともあり、一気に世界的に名が知られるようになりました。

そんなマスク氏は「音3」。未知体験に挑む姿勢で世界経済を牽引《けんいん》しています。

••••

4

特徴

計測

役割

解消する

音を共鳴させる
3つの力

■計測力
■掘り下げる
■識別力

音4の役割

「••••」は東西南北をはじめ、「安心」「安定」を表しています。よりよい配置（フォーメーション）を実現することで、堅固なものとなります。

「••••」はバランスを意味してもいます。それゆえ、識別力や判断力に長《た》けています。それがさまざまな紛争問題を解決する能力として活《い》かされるのです。

「少しでも人さまのお役に立つために、自分は日々何を鍛錬しているだろうか？」と掘り下げ、探究を繰り返す。これこそ「音4」をもつ人の本質であり、役割です。

秘められた能力

「⋯⋯」は四方八方という表現があるように、あらゆる方向に関心が向きやすい傾向にあります。これを絞りに絞り、集中し、そして深く、深く、より深く掘り下げる。これが「音4」をもつ人のイメージです。このプロセスを大事にすることで、自分自身の専門分野に対する深い理解と応用力がさらに高められるでしょう。

何事においても、どのくらい理解しているかの目安は、小学生にでもわかりやすく説明できるかどうかだといわれています。そのレベルを意識しながら、相手に合わせてより具体的に話すよう心がけましょう。わかりやすく話すのも「音4」の得意とするところです。これを実践すると、大きく影響力が広がるようになるでしょう。

キーワードは「探究」

「音4」が共鳴すると、自身が関心をもつ分野に滅法強く、驚くほどの情報量の持ち主となります。専門の領域はピカイチです。いわばスペシャリストと呼ばれるほどです。

人間関係

「…」は東西南北、前後左右、起承転結など1つのセットとして安心感、安定感の印象を届けてくれます。

子どもが母親の胸に抱かれ、心地よく眠ることができるのは深い安心感と絶対的信頼を感じるからです。安心感は寛容な心で受け入れてくれる感覚を感じるところから始まります。

決して相手に対して攻撃性のある心をもたないことが大事です。責める、許さない、裁く、怒る、ねたむ、嫉妬などをできるだけ拒絶することです。

「音4」をもつ人は人間同士の争いに関わりやすい傾向にあるため、世事に埋もれることがないよう、自然のリズムに接するよう心がけましょう。

心がけたいこと

現状に甘んじてはいけません。小成に安んずることなく、人間の本来もっている無限の可能性へ向かうことが望ましいでしょう。左脳を中心とした思考になると、必要以上に現実的になり、否定的な思いに支配され始めます。するとオープンハートなスタイルとは全く逆になります。かえって、子どものような純粋さを大事にすることです。

この状態は、気づきのアンテナを張っているのと同じです。気づきと感動を意識し、大事にすることで、現状に甘んじるという感覚は吹き飛んでしまうでしょう。

著名人とエピソード

ドラえもんを世に送り出した藤子・F・不二雄さん、アンパンマンの生みの親・やなせたかしさんはともに「音4」です。「音4」は紛争を解決する能力に長けています。そんな観点からこのヒーローたちを見れば、まさにその役目を常に果たしている感じがします。

最終的解決は、敵対関係の解消です。そもそもアンパンマンにとってばいきんまんは敵ではありません。「どうしようもない仲間」なのです。

ドラえもんと一緒に暮らすのび太からすれば、ジャイアンやスネ夫も決して敵ではなく、安心できない仲間なのです。

ばいきんまんがいなければアンパンマンが、ジャイアンやスネ夫がいなければドラえもんが、存在価値を発揮する場面が皆無に等しくなるでしょう。

私たちを取り巻く人々も同じ地球上に同じタイミングで暮らす仲間なのです。

その観点で周囲の人々を見回してみれば、慕わしい人はさらに慕わしく、怒りの対象にしか思えなかった人も、仕方なく思えてくるものです。

2人の作者は、「音4」の特徴である「わかりやすさ」をいかんなく表しています。

どのみち、それぞれの「音」の長所にフォーカスしながら進めていくことで、想像を絶するシンクロニシティを体験するのです。

取り分け「音4」は得意なところから始めて、波に乗ってしまうことが大事です。

できること、得意なことから始めると、すべてが楽しくなり、喜びが広がります。

喜びを感じながら物事に取り組むと、好循環が起こり、すべてがスムーズに進みます。

「得意なことから」始めてみましょう。

そして、どんなときも「幸せの種」を見つけるスペシャリストを目指すのです。

「音４」の特徴の「専門性」とそれを掘り下げ、信頼を得ての「ブランド力」があります。２０２４年7月に発行された新紙幣の五千円札の肖像に選ばれた津田塾大学創立者の津田梅子は「音４」です。幾度も留学し、生涯にわたって学び続け、探究を続ける姿勢は「音４」がよく表れています。母語は英語だったようで、家族間の会話や書き記した書類もすべて英語が使用されていたとのこと。それほどのこだわりをもって生活していたのでしょう。

またサッカー日本代表の森保一監督も「音４」です。この音のもつ計測力はサッカーのポジションを決めるフォーメーション、組織づくりに活かされる能力です。紛争問題解決能力も高いため、チームの結束、一体化に誘導するのが得意なはずです。それが結果として、長い監督在任期間につながっているのでしょう。

一

5

特徴

倍音

役割

柱を立てる

音を共鳴させる
3つの力

■底力
■加速する
■シンプルさ

音5の役割

「一」は、いよいよ社会との関わりの中で、さまざまな展開を体験し、輝き出すというプロセスをたどります。その過程では、中心となる意図や動機を示すことが必要とされます。

ここで大事にしたいのは、「音5」の人が自分の心からの願いに正直になることです。エゴを超え、分かち合える欲求をもつことは力の源泉となるでしょう。

秘められた能力

「音5」の人は方向性や到達点などが定まったとき、スイッチが入ります。スイッチが入ったときは、持ち前の底力をいかんなく発揮し、すべてが加速し、驚くほどの成果を手にするでしょう。

逆にそこが不明瞭だと、逡巡を繰り返すことになり、モタつきます。

マヤ数字の表す「一」は直線の横棒が1本です。これは個人としての基盤を表しています。この基盤を整えるためには、余分な記憶や雑念を捨て、心を十分に開くことです。すると宇宙につながり、静寂と安らぎの領域へ案内され始めるでしょう。

オープンハートで生きるということは、意図や動機までいつでも公開できるような高いレベルのものなのです。少しずつでもこの境地へ近づくことを心がけたいものです。

シンプルを意識することで、すべてが整理されるでしょう。いつもできるだけシンプルに……。そのためにも自分自身の核となり、目安また羅針盤となるような「精神（スピリット）」をもつことです。

基盤がしっかりした度合いに応じて、ブレや迷いは皆無になってくるでしょう。

また、「音5」は命じられることでスイッチが入ることも多々あります。愛をもった指令には従順な姿勢で応えるでしょう。ある意味「偉大なイエスマン」になることも可能です。

キーワードは「目標設定」

「音5」は、方向性や目的が定まると、強い力が湧き出てきます。
大きな夢と希望に育まれる人生といえます。

人間関係

目的や方向性は定まると、がぜん力が入ります。ここで自分が中心となって責任をもつというスタイルで事に臨むと、多くの支持が集まるでしょう。とにかく秘めている底力は本人も驚くほどです。

それらを行動に移し、形にするためには、何より「自分の人間性を肯定的に受け入れること」です。複雑に考えるのではなく、肯定的思考でシンプルに行動することがすべての人間関係を円滑にするでしょう。

心がけたいこと

自らのスタンスが確立されている場合、逆に変に保守的にならず、柔軟な姿勢で対応できるか。このあたりがテーマでしょう。

今はスピーディな対応が必要とされるときを迎えています。そして柔軟さが問われるときでもあります。伝統と格式のある存在や立場にあるほど気をつけたいところです。

著名人とエピソード

「私は8歳の女の子です。友達はサンタクロースはいないと言うのです。本当のことを教えてください。サンタクロースはいるのですか――」

1897年、米国の少女ヴァージニア・オハンロンさんは純真さゆえに抱いた疑問を地元の新聞社ニューヨーク・サン紙に手紙で質問。そしてサン紙は、その年の9月21日付の社説で答えています。

「ヴァージニア、サンタクロースはいるんだ。愛とか思いやりとか、いたわりとかがあるように、サンタクロースもちゃんといる」

やがて教師となったヴァージニアさんは、生涯を子どもたちの教育に捧げ、1971年5月13日、81年間の人生を閉じました。ニューヨーク・タイムズ紙は「米国のジャーナリズムにおいて最も有名な社説が書かれるきっかけとなった、かつての少女」と訃報を掲載、その死を悼みました。

サン紙の社説は、子どもの疑問にも真摯に答え、目に見えないもの、心の大切さを語り掛ける。あらためて新聞のあるべき姿を考えさせられます。子どもの質問に対して、優しい眼差《まなざ》しで諭すように語りかける印象の社説。こんな社説を読んだら、一遍にその新聞のファンになってしまいます。当時社説を担当したフランシス・チャーチ記者は、「音5」です。

こんな風に応える大人が増えたら、子どもたちも健やかに育つにちがいありません。名文は心を温かく包んでくれるものです。

「音5」が定まったときには、そこに全身全霊を注ぎ込みます。それゆえ、今でも語り継がれる感動の社説が誕生したのでしょう。心が決まると気持ちや魂に誘導される感動的な現象まで起こるのです。

6

特徴

対等

役割

展開する

音を共鳴させる
３つの力

■地に足をつける
■平等
■活発

音6の役割

物事をダイナミックに推進し、展開するときに、「音6」の存在が必要とされます。「音6」の人は周囲の影響を受けずに、自分のペースで物事を進めるマイペースな要素を多分にもっています。それゆえ頼もしい存在に映るのでしょう。

実際に「音6」の人は突然の出来事に対しても動じることをよしとしない傾向があります。どこまでも冷静を貫こうとするのです。そういったところから存在感があります。

秘められた能力

「音6」は平等意識が強く、「左脳支配社会」の典型である「かたち中毒」ではない面も垣間見えます。社会的立場や学歴、職歴など、あまり関心を示しません。自らのペースで好むものに意識や力を傾けたいのでしょう。これは、たゆみなく自らと向き合うことをしてきたからこそできる生き方です。自分の人生の主役はあくまでも自分なのですから。

キーワードは「尊重」

「よろこび上手」は「しあわせ上手」であり、いつまでも若々しく生きる秘訣でもあります。

これこそが、自らを尊重し、人々も尊重する生き方ではないでしょうか。

人間関係

「音6」の人は柔軟性をもつことで、生き生きとしたバランスを実感し、深い喜びを味わうでしょう。自己主張や個人的考えに固執しないことが大事です。平等意識が強いため、上下という感覚以上に横のつながりに重きを置きます。

ここで意識したいのは「尊重」「礼」を尽くすことです。実行することで、さらに頼りにされ、信頼を増すでしょう。

「音6」は自分のリズム感があり、必要以上に合わせることが得意ではありません。ある意味、マイペースの典型ともいえるでしょう。地に根を張り、下ろした度合いに応じて強い信頼を得るでしょう。

ベリーダンスやフラダンスなどの大地につながる踊りをしたり、庭仕事、畑仕事などで土と触れ合ったりすることで、スムーズな人間関係に導かれるでしょう。

心がけたいこと

大胆な実行力があり、スケールの大きいものを求める傾向があります。急ぎ過ぎて、決めつけてしまったり、優柔不断な姿を見て侮ったりしないことです。これをした瞬間から、すべては止まってしまいます。どこまでも面白さを発見するような気持ちを維持することを心がけましょう。パワフルなだけに、負のイメージがつくと払拭することにかなり手間取るでしょう。

著名人とエピソード

「音6」は、地に足をつける（グランディング）といった意味合いもありますが、まさにマーケティングの分野こそ、これに通じる面を強く感じます。十分な市場調査を数字で分析することで具体的に未来が可視化できてくるのでしょう。

そんなマーケターの代表的な存在が「音6」の森岡毅さんです。

森岡さんといえば、低迷していたＵＳＪ（ユニバーサル・スタジオ・ジャパン）へヘッドハントされて入社。入社直後から大改革を断行し、2010年6月から2017年1月までの間にV字回復させたことは、よく知られています。

USJ退任後も株式会社刀を設立。地に足をつけた独自のマーケティングの数式を用い、未来を数値化し、臨場感をもってプレゼンするだけに、抜群の説得力があります。

ドキュメンタリー番組でもたびたび紹介され、広く知られることになりましたが、エンターテインメント業界だけでなく、丸亀製麺の復活や、ネスタリゾート神戸の再生、また農林中金との協業では金融業界に「マーケティング」を導入し、日本人の投資アレルギーの解決にも実績を土台に取り組んでいます。

「音6」は大胆な実行力があり、スケールの大きなものを求める傾向があります。その行動力の原点となるのは森岡さんの場合、「熱狂的な目的意識」と自身が表現しています。

2025年オープン予定の沖縄におけるテーマパーク「ジャングリア」は、沖縄が潜在的にもつ魅力を集客につなげ、ハワイ以上のリゾート観光地を創造しようとする大規模な構想です。

森岡さんという1人のマーケターによって、アジア圏の観光消費動向まで変わる可能性があることを見事に示しています。「音6」のエネルギーを全面的に発揮している印象です。

長い間、テレビ番組で活躍するタレントのタモリさんも「音6」です。2014年3月に31年半続いた『笑っていいとも!』(フジテレビ系列)が終了した後も、精力的にテレビ出演し、動く姿は「音6」の活発な動きそのものです。また誰と接するときも対応を変えない「音6」の平等さ、対等な扱いが如実に表れています。

𝋧

7

特徴

神秘

役割

基準を示す

音を共鳴させる3つの力

■無我夢中になる
■情報力
■真理探究

音7の役割

「𝋧」は「𝋡」から「𝋭」までのちょうど真ん中になります。ツォルキンでは「神秘の柱」と呼ばれ、背骨に当たります。

イメージをふくらませ、基準を示し、現実となる可能性を広げるのが「音7」の特徴であり役割です。別の表現を使えば、「音7」は夢を見続けることができる人でもあります。

夢を実現しようとする意欲に溢れ、たとえ壁にぶつかってもメゲそうでありながら、いつしか粘り強く越えてしまうでしょう。

また「思い込み」が進路に大きな影響を及ぼします。「音7」の人はイメージをふくらませて、そのものになりきることができます。できるだけ、希望的で前向きな「思い込み」をもつことが未来を明るいものにするでしょう。

秘められた能力

「7」は自分の存在概念を超えることで、宇宙につながります。わかりやすいのは、無我夢中になることです。これは、時計時間から自然時間に移動する典型的な手法です。

「音7」には数多くの情報が目まぐるしく入ってきます。そのためにもよりよい感度を保つことが肝要です。これは自らの純度に応じて自然に備えられるでしょう。

「未知の領域」は神秘的でこれほど魅力的なものはありません。喜びが無限に広がり、ワクワクしてきます。神秘のベールに包まれた物事に強い関心と意識をもっているのが「音7」なのです。

「本当の自分」は探すものではなく、思い出すもの。すでに魂に刻まれている音の記憶を思い出すことです。

キーワードは「フォーカス」

「フォーカス」は絞りに絞り、集中を増すことで多くのインスピレーションやひらめきが降り注ぎます。あとは次の手順と流れに従うことです。できる限り、純真無垢《むく》、細部まで思い描く、思い続ける。このプロセスで物事が成就します。

別の視点からも少し考えてみましょう。極端な表現を用いると、「フォーカス」で幸不幸も決まってしまうということです。毎日恵まれていてありがたいと感じることに目を向けるのか、不足や不満に感じることに目を向けるのかという「フォーカス」のちがいで、人生は雲泥の差となります。

「フォーカス」は今現在の自分自身の心のリズムに共鳴、共振します。今まで以上に「フォーカス」に気を配り、冷静に見つめ直してみましょう。

人間関係

「音7」の人は大変な情報通です。あらゆる情報が驚くほど入ってくるのです。情報に振り回されないためには、情報を精査し絞りに絞る必要があります。

「音7」は反対も「音7」です。それゆえ神秘でもありますが、考え込むと迷路にはまった感覚になり、そこから抜け出られなくなります。1人で苦悶するのではなく、信頼のおける方に相談してみるのも大事なことです。主観から離れた客観的な立場のほうが、事の本質が見えやすいこともあります。

「冷めた眼」と「温かい心」。

この2つの観点をもつ意識が大事でしょう。

冷静な判断と、相手を受け入れる優しさの2つがあってこそ、愛に満ちた人生を送れます。このバランスの妙を味わうことです。

音
7

心がけたいこと

神秘的なものに強く惹かれるのは「音7」の反対も「音7」というところからきています。

「自分探し」をする傾向にありますが、探すのではなく「思い出す」というイメージに変えることで、人生がよりスムーズに変容を遂げるでしょう。

著名人とエピソード

私たちのライフスタイルを変え、日本人誰もが便利さを享受している代表的なシステムが宅配便です。この発展により、計り知れないほどの恩恵を受けています。

そんな宅急便「クロネコヤマト」の生みの親は小倉昌男さんで「音7」です。

２００５年６月に80歳で他界しています。

東大卒業後、父の代から続く、大和運輸（現・ヤマトホールディングス）に入社。転機となったのは１９７６年のオイルショック後、低迷を続けていた業績を回復するため、個人向け小口の貨物配送サービスを手がけたところから始まります。それから長年にわたり旧運輸省、旧郵政省と規制緩和をめぐって激しい対立が続きます。無謀にも思えますが、当時、中小企業だった大和運輸が国を相手にして戦いを挑みます。どこまでもゴールが見えない中での不毛とも思えるやり取りを忍耐強くやり抜いたのです。

そんな小倉さん「音7」が、的を絞り、無我夢中で挑み、奮闘したことで、今日の宅配便の歴史が始まり、人々のライフスタイルまでもが変化したのです。

もはや世界を代表するプロスポーツ選手となった大谷翔平選手。同選手が大成功を収めている最も本質の部分を解説しているのは「音7」の存在です。

無我夢中になり、フロー状態になったとき、よく「音7」は無限の可能性の扉がオープンとなり、歴史を書き換える現象が起こるのです。その原点は、大谷選手は心の奥底から野球が好きで、それを存分に楽しんでいるスタイルで居続けていることにあります。「野球好きの大谷少年」が色濃く残っているのです。

8

特徴

調和

役割

誘導する

音を共鳴させる3つの力

■シフト
■包含力
■力強さ

音8の役割

「•••」は、無限大を表します。スキルや技術に磨きをかければ、果てしない高みを目指すことができるでしょう。

共鳴者が増えれば増えるほど、力強さがさらに増し、次のステージが自然な流れの中で準備されます。他者を次のステージへと誘導することが「音8」の人に与えられた役割です。

そのためにも細やかなコミュニケーションが大事です。どこまでも心を砕いて、語り合う機会をもつことです。できるだけ相手を包み込むようなイメージをもちながら……。

この流れの中で、確実に無限の可能性の扉が開かれるでしょう。

秘められた能力

「8」は「八方美人」「八方塞がり」などの言葉に象徴されるように「全方向」を表しています。そのため、万遍なく周囲を見渡しながら、細やかに心配りができます。調和とバランスに人一倍重きを置きます。

調和やバランスは、柔軟性があって成立するものです。自分の考えに固執していては、トラブルになるのが目に見えています。自分の考えをもつことは大事ですが、そこにこだわり過ぎないことです。

また、妥協をよしとしない傾向があり、自らを律するのはよいのですが、相手への要求にならないよう気をつけたいところです。そのためにも寛容さを身につけることに尽きるでしょう。

キーワードは「フォロー」

「フォロー」は感謝の心でなすことが理想です。

というのも複眼で物事を見つめることは、本質をつかむうえで大事なことです。そのためには、短所は自らに当てはめ、省みる要素にすればよいのです。そのうえでフォローするような寛大な心をもつことです。すると短所も含めて有意義な複眼での見つめ方が可能となるでしょう。複眼で本質を見る。すると、いい感じに流れます。

人間関係

「∴」は全方向を意味するため、大事なことは主観と客観のバランスです。「調和」こそ「音8」の人にとって極めて大事で意識の中枢に留めておきたい言葉です。

通じ合え、共鳴し合える関係を構築できると、目に見えて力強さとたくましさに溢れてきます。そのためにも自分自身の心の反応を冷静に見つめましょう。感動で忘れかけていた夢が目覚めると、無限の可能性が次々と開けていくことを実感するでしょう。

必要以上の干渉や介入には気をつけたいものです。「なめらかに」「ソフトに」を意識してみましょう。すべてがスムーズに運ぶでしょう。

心がけたいこと

全方向に関心があるため、周囲の意見や空気に過敏に反応する傾向があります。周囲の意見に耳を貸すことも必要ですが、すべては調和でありバランスです。

また過信は禁物です。「フォロー」「支える」ことを強く意識しましょう。

同時に、周囲を必要以上に気にしないことです。

著名人とエピソード

「アドラー心理学」を扱った『嫌われる勇気』（ダイヤモンド社）は２０１３年12月の出版以来、日本国内はもとより、２０１５年には韓国でも年間ベストセラー１位となるなど、国内外で売れ続けています。2022年には『幸せになる勇気』(ダイヤモンド社)との二部作で、世界累計1000万部突破と報じられています。「アドラー心理学」の根底にもアルフレッド・アドラーの「音8」が大きく影響しているのではないか。そう感じてしまいます。

アドラー心理学が、注目を集め、支持される理由は、当然に数多くあるのでしょうが、クローズアップしたいのは「人間関係」が相当に楽になったり、改善されることが実際に多く見られることにあるのではないでしょうか。

アドラー自身の想いもあると感じますが、アドラー心理学では、トラウマによる支配を否定したうえで「人間の悩みは、すべて対人関係の悩みである」と断言しています。他者から「嫌われる勇気」をもち得たとき、人ははじめて自分らしく人生を歩み始めることができるとの教えです。「音8」は人間関係においても周囲のリアクションや反応が視界に入ってきて、それが気になってしまいます。

そんな状況を打破する目的もあり、自分と他者の課題を明確に分ける「課題の分離」を提唱したのではないでしょうか。

もしかしたらアドラー自身も師匠のフロイト、共にフロイトの元で学んだユングとの関係でも悩んでいたのかもしれないと勝手な想像がふくらんできます。

2024年7月に発行された新札において千円紙幣の肖像画に選ばれたのが北里柴三郎で、「音8」。明治以降、多くの医師会が設立され、互いに争ったり、批判し合うなどまとまりのない状態でした。それを全国規模の医師会である「大日本医師会」の初代会長に北里柴三郎が就任。「音8」であることも手伝って、調和、バランスがとれて収まったのでしょう。

さらに福沢諭吉からのあまりにも大きな支援に対し、慶應義塾大学医学部が許可された折には、すでに福沢翁の没後でしたが、自ら進んで初代医学部長となり、生涯無給で務めています。これも恩に報い、調和を志向する「音8」らしい感動的な話です。

9

特徴

脈動

役割

拡張する

音を共鳴させる
3つの力

■徹する
■元気づける
■実感

音9の役割

全体像（グランドデザイン）を描くことができるかどうか、これが「音9」の持ち前の爆発的な力を発揮するための必須条件です。明確にイメージできたとき、意識の集中がなされ、多くの人々の心を結集できるのです。それが大きなパワーとなって、常識では考えられないことが具体的に起こります。

それを可能にするのは「感じる」そして「実感する」ということです。思考だけでは単に観念的で、そこに「実感」があると臨場感がせまってきます。それゆえ相手に伝わるのです。

この流れを繰り返すことで、拡張という現象が起こります。

拡張の力は、世に知らしめる力でもあります。そのため社会的影響力をもつことになります。

秘められた能力

「音9」のエネルギーは躍動感に溢れ、人々を元気づけ、勇気と希望をもたらします。ワクワクドキドキするものに惹かれ、そこに全神経と意識が集中します。これは「子ども心」に似たもので、「右脳優位」の状態といえるでしょう。この状態が続くと、インスピレーションやひらめきに誘導されることが立て続けに起こります。

この状態を維持するために必要なのは、夢や希望を抱き続ける力です。どんな逆境の中でも失望しない底抜けの明るさがやがてミラクルを起こすことになります。

キーワードは「傾聴」

「音9」の人は1つのことに意識が向くと、一途に徹する姿勢を貫きます。それ以外のことには、関心をもたないどころか、全く聞く耳をもちません。だからこそ、しっかり相手の話に耳を傾け聴く。これを実践するだけで視野が広がり、解けなかったものが解けたりするものです。

また「音9」は全体像（グランドデザイン）を描けるかどうかがポイントになります。そのためにも用意周到に準備し、多くの人々を取材し、たくさんの話を聴くことです。そのうえで実感すること。この流れを大事に実行に移しましょう。

ただし、うわさ話や意味のない会話に耳を傾ける必要はありません。

人間関係

「音9」の人は躍動感のあるものに強く心が惹かれます。とくにワクワクするような目的をもったときは生き生きとし、モチベーションが一気に上昇します。驚くほど輝きがちがってくるのです。感動し、心が波打つと抜群の行動力にスイッチが入ります。「音9」の人は感じることが大きく影響します。人は過去や未来は感じるより考え、今現在は感じることが優位に働きます。まず瞬間瞬間、今できることを精一杯やることです。そこで何を感じるかが貴重なのです。

一緒にワクワク、何でも前向きポジティブ思考ができる人に囲まれることが大事です。そんな境遇の中でこそ、集中力ががぜん高まり、無限の可能性が開花するのです。逆にネガティブ思考の時間が長くなると、心に深くダメージを受けるでしょう。

幼子のようなワクワクした喜びと希望に溢れた姿が多くの人々を勇気づけ、拡張のエネルギーをもつようになるのです。

心がけたいこと

「音9」の人は自らの思い入れの強い方に完璧なまでにシフトします。それゆえ、それ以外のことが、とても面倒に思えてくるのです。

「人生の岐路では、必ず面倒くさい道を選んできた。面倒なことは誰もしないし、より多くのヒントが転がっている」

こんな人生訓のような言葉もあります。実は、「面倒」「損」を選ぶと右脳が動き出し、「未知の領域」の力が発動するといわれています。なぜなら「打算」こそ左脳思考の典型だからです。

また、一方通行にならないように、相手の心の温度を感じようとすることも大事なことです。

著名人とエピソード

「マンデラ効果」とは2010年、当時存命中の南アフリカ元大統領のネルソン・マンデラ氏に由来するもので、実際には2013年まで生存していた同氏について、1980年代に獄中死したという記憶をもつ人が大勢現れたという怪現象を指し、それが発端となっています。そこから大勢の人々が事実と異なる記憶を共有している現象を指す俗語となっています。

そんなマンデラ氏は「音9」。ノーベル平和賞を受賞していますが、27年間の投獄生活を送っています。釈放時の元気な姿は、「音9」ならではといえるでしょう。

ワクワクドキドキの子ども心に溢れ、好奇心と共に動き回るのが「音9」です。

それだけに信念や意志、使命を明確に感じると、驚くべきパワーを発揮します。

根本的に子どもは過去を引きずることが少なく、別の表現を使えば、能天気ともいえるでしょう。

そんな面を多分にもっていたことで、27年間、獄中にいても弱ることもなく、解放後は、さっそうと大活躍の道を突き進んだのです。

地上のものとは思えない、パワーゆえ、マンデラ効果のような現象、完璧な錯覚が起こったのではないでしょうか。


また世界的なシェアを誇る日清食品のカップラーメンの生みの親である安藤百福《ももふく》氏、同じく世界的な店舗展開で、アパレル市場を牽引するファーストリテイリング社（ユニクロ）の柳井正会長兼社長も「音9」です。そのバイタリティーと大胆な行動力、突破力には圧倒されます。

二

10

特徴

具現化

役割

プロデュース

音を共鳴させる3つの力

■形にする
■引き出す
■洞察力

音10の役割

何らかの「調整」をする場合、何をおいてもお互いの信頼関係がしっかり築かれていることが大原則です。大相撲でいえば行司のようなものです。ある意味、私情を全くはさむことのない神職のような清廉さが求められます。その役割を「音10」の人は担っています。

これを果たすためにはどこまでも自らに磨きをかけ、「意図の純粋性」を高めていくしかありません。

秘められた能力

「音10」の人にはビジョンや構想など目に見えないものを形にする能力が与えられています。形にする場合、最も大事なことは、提案者の真意と意向をしっかり読み取ることでしょう。ここで「音10」の人に、相手の意図をきめ細かに感じる敏感さが求められます。五感を中心とした感覚で見極める力をもって生まれているのです。これが一人ひとりに潜んでいる能力や才能を引き出す力にもつながります。このような力をもった人材こそ、とりわけ教育界に必要とされるでしょう。

「一人ひとりに付与されている無限の可能性を開花させる」これこそが教育の本質ではないでしょうか。教育現場にこの力をもつ先生たちが配置されることで、数多くの問題が未然に防げるにちがいありません。

「洞察力」は、愛と思いやりのレベルに比例します。心からの思いやりをもつことで、まるでテレパシーで通じ合える感覚になります。また少しでも自分に備わるこの感覚を「実感」することです。

音
10

キーワードは「調整」

調整を試みる場合、次の言葉を念頭におき、物事に対処していきましょう。

「運命を受け入れる勇気をもつと、物事の本質がハッキリみえ、すべてが定まります。一切の迷いが吹き飛ぶのです」

「運命をそのまま受け入れる」とは意気に感じる生き方です。

人間関係

「音10」の人は自分の人生を存分に生きたいという思いが人一倍強い傾向にあります。しかし実際には、さまざまな板ばさみにあい、内的葛藤を抱え込みやすいのです。積極的に個人的な意志を貫こうとするほど、葛藤は大きくなるでしょう。

「音10」の内情は、常に自分との折り合いをつけながら日々を過ごしているともいえます。自分との調整が、利害関係やトラブルなどの調整役として能力を発揮する礎となっているのです。

ビジョンや才能を具体的な形にするプロデュース能力に長けているため、一人ひとりの持ち味や長所に目が向くのです。その習慣が多くの人々を活かし、活躍の場を広げることになるでしょう。

生み出し、仕上げるところまで至って、はじめて心からの喜びを感じるのが「音10」の特徴でもあります。人格的な対応をするため、多くの人に頼りにされます。その一つひとつに誠意をもって取り組むことで人間的にも大きく成長できるでしょう。

心がけたいこと

「音10」は人と人の間に入りながら調整する立場をたびたび請われます。しかも何事も全力で対応するため、ときには「命の洗濯」が必要です。言い方を変えると思いっきりリフレッシュすることが、とても大事になります。

どんなときも決してあわてず、失望することなく、そのことに向き合いましょう。気づきを得るほど、「新しい風」が吹き、一気に流れは変わるでしょう。

著名人とエピソード

一万円札の肖像に「音10」の福沢諭吉が登場したのは1984年のことです。40年にわたって多くの人々の目に映り続けたわけです。それも設立した慶應義塾大学出身者（とくに経済学部）が財界人としてキラ星のごとく登場し、大きな影響力をもったことでこのようになったと考えられます。

「音10」はプロデュース能力など、他者がもっている才能や能力を表に引き出すのが得意です。それが顕著に表れるのが教育の場ということになります。バックアップや援助しながら、芽を育て伸びやすい環境を準備し、大きく育てる。

2024年には慶應幼稚舎（小学校）が創立150年を迎え、ずっと小学校受験の憧れ、目標となってきました。

国家の未来を決めるのは教育ともいえるでしょう。その視点からしても幼児の頃から子どもたちを預かり、世に多くの人材が輩出してきた「慶應」の名と共に「福沢諭吉」の名は歴史に刻まれています。

「音8」でも紹介していますが、北里柴三郎にも長い期間にわたり、物心両面で支援を続け、それが現在の慶應義塾大学医学部、慶應義塾大学病院として実を結んでいます。「音10」が手厚いサポートや支援をすることも多分にあります。

いまや国民的俳優、タレント、ときには司会者、また歌手としても活躍する大泉洋さん。ＮＨＫの歌番組でＭＣを務めるなど「音10」は人と人との間に入り、関係を調整し、仲を取り持つ調整役でもあります。

２０２３年に実兄の大泉潤さんが函館市長選に出馬。現職を大差で破り当選していますが、選挙期間中に「彼は面白いだけでなく家族思い。選挙について話すことはないが、彼の性格からすれば応援してくれるはず」と発言。実際に期間中、応援に入ることはありませんでしたが、「音10」ゆえ、目立たないところでサポート、支援を相当したのではないでしょうか。

「音10」に備わる役割を活かして、今後はさらにプロデューサーとしても大いに活躍が期待できそうな予感がします。

音

11

特徴

浄化

役割

改革する

音を共鳴させる3つの力

■開き直り
■貫徹
■スクラップ

音11の役割

形だけとなった内容のないものには手厳しく対応します。不要なものを削ぎ落とし、古い習慣や既成概念を崩壊させるパワーをもつ改革者です。

いつしか「富」や「名声」を求め、「かたち中毒」に陥ってしまった現代文明。それと古代文明を融合させ、本来あるべき世界に戻すには、「音11」の勇気ある言動と行動が必要です。

そのためにも、まず削ぎ落とし、絞りに絞る。別の表現を用いれば「浄化」です。

大きく変化させるためには「浄化」と思える現象が必至です。その過程を通じ、気づきを得て自分自身のエゴやプライドも減少する。これが「音11」の人にとって理想的な流れです。

大義名分など奉仕の精神で取り組むものを見いだすと、さらに強烈なエネルギーに満たされます。

秘められた能力

「音11」は削ぎ落とし、枠組みを変える能力をもっています。エゴやプライドがまん延している現代社会。定期的にスクラップ・アンド・ビルドを繰り返しながら、本来あるべき姿へ帰っていくのです。そのためには、物事の本質を見極めることが何より大事なことといえるでしょう。

人の評価以上に、自分自身が納得できる生き方を志向してこそ、「音11」は輝くのです。個人的な観点ではなく、あくまでも大所高所の見地からこの姿勢を貫くことです。

キーワードは「初志貫徹」

「音11」は、初志を曲げず貫くことがポイントになります。物事のプロセスにおいては、この姿勢。結果については、天のみぞ知る領域です。そこは「人事を尽くして天命を待つ」。これはよい意味での開き直りです。なすべきことはすべてして、後は天に任せる。といったニュアンスです。

それは自分を捨てることでもあります。自分を捨てるとは、究極の開き直りともいえるでしょう。自らの古き慣習や価値観などすべてを手放し、自らを明け渡すことです。「まな板の鯉《こい》」のごとく、覚悟を決め、開き直る。今の時代は、この境地に至ると誘導が始まります。すると、すべてが「つながっている」ことに気づくのです。この自分を捨てた段階で時計時間の枠から外れるのです。

人間関係

「音11」の人は誰かの真似を嫌い、独自の表現方法やスタンスをもち、オリジナル性に重きを置きます。極めて個性的で周囲となじまず、不協和音を起こすこともあります。閉塞状態や苦境に陥ったときの突破力は驚くほどです。

人間関係も基本的には自分から合わせようとするタイプではありません。どちらかというと、周囲が理解し、尊重して受け入れてくれることがポイントになるでしょう。削ぎ落としという行為を通し、意味のないものが剝がされ、本質が姿を現します。

心がけたいこと

「初志貫徹」は単なる思いつきや個人的感情の類いではありません。そこには、公的な大義が必要であり、人一倍の覚悟と決断がなければなりません。そのためには、常に「何のために？」という問いかけを自分にし続けることでしょう。そこで、意図や動機を確認しながら前に進むことです。これを繰り返すことで、練られ、覚悟が定まってくるのです。

地道なこのプロセスを踏まずに進むと、周囲を振り回すだけで、全く意味のないものになってしまいます。「音11」は、意図や動機の確認を徹底することです。それにともない、一貫性も必要です。これがないと信頼を失うことになるでしょう。

著名人とエピソード

新しい流れをさまざまなところでつくってきたのが「音11」のコピーライター糸井重里さん。コピーライターとしてはもちろん、作詞家としてもヒット曲をもち、マルチな才能を発揮しています。1998年6月6日に「ほぼ日刊イトイ新聞」をネットで配信開始。プレッシャー回避のため「ほぼ」というネーミングを選択したのでしょうが、まさに糸井さんらしいセンスある表現ではないでしょうか。

糸井さんの幅広い人脈を活かし、あらゆる分野の著名人が対談コーナーなどに登場しています。これまでの紙ベースの歴史をスクラップし、新しい文化を創造する「音11」の真骨頂ともいえる歩みでしょう。

そこで発売を始めた「ほぼ日手帳」。2002年分からの販売ですが、趣向を凝らし、具体的な使い方あれこれをウェブサイトや公式ガイドブックなどで、ていねいに解説しています。

多くの若者の心をつかんできた糸井さん。「音11」ならではの新しい視点と独自のユニークな企画、表現が魅力となっています。

手帳は日本に留まらず、海外でも大量に販売され、好評を博しているようです。

生涯にわたり、私たちを愉快な気持ちにさせ続けてくれそうです。


「音11」には世界最高レベルの資産家の1人ともいわれるAmazon創立者であるジェフ・ベゾス氏がいます。2013年には米国の有力紙であるワシントン・ポストを買収し、オーナーになっています。

誰もが知るグローバル企業に押し上げ、成功を収めた稀有な人物ですが、誕生時、母は17歳の高校生でした。母の離婚、再婚というプロセスを経て、書籍のネット販売を思いつき、自宅ガレージからの始まりだったことはよく知られています。

当時、出資者や協力者に対し、失敗する可能性は70％と宣言したといわれています。シビアに見つめる傾向も「音11」らしいといえるでしょう。

☳

12

特徴

普遍化

役割

安定させる

音を共鳴させる3つの力

■分かち合う
■処理能力
■集める力

音12の役割

人の何倍も相談に乗り、その問題の処理のために東奔西走することが多々あります。その誠実さゆえに、人々は協力を惜しみません。自らを捧げる姿勢に、多くの人の心は揺れ動くのです。

「音12」の人がその役目を果たすためには、よく学び、見識を広げることです。広がりと深さをもった分だけあらゆる面で人々をサポートできるでしょう。すると心の故郷のように数多くの人々が感じ、次々に集まってきます。そこから安定が生まれます。

大事なことは決して否定的に人を見ないことです。認められたと感じた分だけ人は心を開き、心の内を話し出します。

「音12」の人は他者との共存、協力という関係の中で自分の存在意義を実感するでしょう。人のために自らを捧げることで、大いなる輝きを放つでしょう。

秘められた能力

「音12」の人は分かち合う精神で溢れています。1人で感じるより、ともに分け合い共有したいのです。そのため、協力者や理解者の存在が「音12」の輝きを増してくれるでしょう。

全体を大局的視点から見つめ、自分のあり方を見極める冷静さをもっています。そのため、物事を処理し解消する場面で必要とされるのです。

「音12」には待つという行為も重要です。「運がよかった」という表現をよく耳にします。運というのは原則「運ばれる力」。だから、先のことをあれこれ考えずに、メッセージが来るのを待っていればよいのです。それまで、今にすべてを集中することです。すると、「これだ！」と感じるメッセージが向こうからやってきます。あとは、それに従うのみです。

見事なタイミングでメッセージが運ばれてくることを実感するでしょう。この感覚を何度も味わうとやめられなくなります。

キーワードは「共有」

共有や連帯感こそ、「音12」の能力である「普遍化」「安定」のポイントといえます。もうすでに「新語・流行語大賞」が始まってから40年になります。完全に年末恒例となり、多くの人々から認知されています。これほどの回数を重ねるには、それなりの理由があります。1年間を振り返り、世相を軽妙に反映する「ことば」が選ばれるため、多くの人々の共感を得やすいのでしょう。「ことば」とともに1年を共有した連帯感も広がります。

人間関係

「音12」の人は何かをするという場合、それが自分の思いや欲望から出てきているのか、他者に望まれてのものなのかがわからなくなります。自分がないという不安感をもつこともあります。

他者から受け入れられやすいため、あえて自己主張する必要がない人生を歩んできたかもしれません。分かち合う気持ちが人一倍強い傾向にあることも影響しているでしょう。

また多くの人の相談に乗りながら、その気持ちに寄り添うことで絶大な信頼を得るのも特徴的です。「音12」の人の周りには、驚くほど数多くの人々が集うようになっています。その現象を阻止するものはプライドであり、過度の自己主張に他なりません。

心がけたいこと

「待つ」という行為は、忍耐と信じることで、はじめて成り立ちます。これを別の視点から見れば、自分の中に溜め込むことになりかねません。呼吸をはじめ、エネルギーの循環はまず吐き出し、それから新たなエネルギーを吸入します。溜め込んだままでは、循環が阻害されてしまいます。ここで詰まってしまうのです。

エネルギーの循環を取り戻すためには、できれば毎日、自分自身と向き合う時間をもつことです。これが、自分を愛するということです。夜、就寝前あるいは翌朝、瞑想をしたり日記を書いたりして自分の感じたことを客観的に受けとめ、慰労することです。これで無意識レベルがかなり落ち着くはずです。是非、溜め込みやすいという自覚がある人ほど試してみてください。

著名人とエピソード

「音12」は冷静に周囲を見渡し、その場の空気を読むことに長けています。そのため積極性に欠けるように見えることもありますが、周囲をよく観察しています。そのような意味では、オーケストラの指揮者は「音12」の才能を活かしやすい立場ともいえるでしょう。

小沢征爾さん亡き後、期待を集めるのは「音12」の佐渡裕《さどゆたか》さんです。

かつて米国が生んだ最初の国際レベルの指揮者とも称されたレナード・バーンスタイン氏から才能を絶賛されたことがあります。指揮者は専門職の極みともいえる仕事で、音楽に対する深い見識、理解力が必要です。

また演奏者の表現を引き出しながらも、一人ひとりの奏者の音をバランスよくまとめていかねばなりません。

とくに「音12」は「聴く姿勢」を兼ね備え、またじっくり待つこともできるため、楽団員との信頼関係も格段に結びやすいはずです。

また国民的女優といえるのが「音12」の綾瀬はるかさんです。よく観察し、それを自らの演技に活かしているため、どのような役でも周囲の期待に見事に応えてきたのです。それがあっての国民的女優です。

また「音12」は分かち合う気持ちが強いため、共演者とも良好な関係を築けているのではないでしょうか。

13

特徴

集大成

役割

変化を呼ぶ

音を共鳴させる3つの力

- 超越する
- 忍耐力
- 奇跡の力

音13の役割

「」は「宇宙の定数」と呼ばれるものです。地球の衛星である月は、1年間でほぼ13回、地球の周りを回っています。またさまざまな惑星の回転周期や会合周期などもほぼ13の倍数になっています。それゆえ、この13のリズムに合わせる生き方をすると、シンクロニシティやミラクルに囲まれた毎日になります。

私利私欲を超越することで、予期せぬ変化を呼び寄せます。自分のミッションや使命と思えることに没頭し、惚《ほ》れ込むことで、数々のシンクロニシティが立て続けに起こるでしょう。

秘められた能力

そのため富と名声をひたすら求めて生きるこの世に対しては、なじめない思いを感じることもあるでしょう。これは致し方ありません。もともと、世事や常識を超越する力をもっているのですから。

「音13」は他の音以上に、忍耐力とともに長い目で物事を見ることができます。長期戦になればなるほど力を発揮します。

ソフトな第一印象のわりには、しっかりとした芯をもっています。自らの想いをたとえ時間をかけたとしても、着実にカタチにする粘り強さも併せもっています。

キーワードは「没頭」

無我夢中で1つのことに集中したとき、「音13」は驚異的な忍耐力を発揮し、長い期間モチベーションが下がらず、取り組むことが可能となります。すると時間の経過とともに、周囲に大きな影響、感化を及ぼすのです。

「音13」の没頭、惚れ込みはシンクロニシティを予感させます。また感性が他の音の人とは、かなりのちがいがあるようにも感じます。

気の遠くなるような取り組みも「音13」だからこそできます。

人間関係

「音13」の人は自分自身の意思に忠実に従って生きようとします。自分が心の底から納得した人生を送りたいのです。そのため人に合わせるという感覚はそれほどありません。

時々、人とのちがいやオリジナル性に価値を置く習性が顔を出します。感覚、感性のちがいを愉しむような環境に恵まれると、感性のセンスにさらに磨きがかかるでしょう。厳格で堅い環境は基本的に合いません。

心がけたいこと

「音13」は抜群の器用さをもっています。何事も満遍なくこなすのです。それゆえ迷いやすい面があります。それ以上に、意識が分散すると、深く掘り下げることに意識が向きません。物事の本質は、深く深くたどることで、魂の覚醒が起こるほどの気づきを得るのです。またそこでこそ宇宙の真理やメッセージに触れるのです。

オリジナル性を求める「音13」はよほど真意を十分に理解したうえでないと、独善的になりやすいでしょう。大事なことは、たとえ時間がかかったとしても「真意」をかみしめること。忍耐力もあるため、大きな作品を手がけるためにもよくよく意識を向けてほしいところです。

著名人とエピソード

「音13」のキーワードは「没頭」ですが、これを言葉のごとく日々生きているのが松岡修造さんではないでしょうか。松岡さんは「音13」です。

また、この音はオリジナリティを求め、独自の道を行く人が数多くいます。松岡さんも典型的なその1人といえるでしょう。

1歳上の兄に続き、小学校は慶應義塾幼稚舎へ入学します。ところが先生の話をほとんど聞かず、宿題もせず、先生から母と共に何度も呼び出されたようです。テニスにおいては頭角を現しますが、中等部3年から高等部にかけて、来る日も来る日も麻雀に明け暮れ、異常なまでにのめり込んだ生活を送っていたようです。麻雀にも没頭していたのでしょう。

このままではダメだと自覚し、高等部からテニスの名門として名高い柳川高校へ転校します。

幼稚舎へ入学した時点ですでに大学まで約束されていますが、同級生のほとんどが通るコースとは全くちがう道を選択するのも「音13」らしさが表れています。

その後、テニスプレーヤーとしてもウインブルドン選手権でベスト8という結果を残すなど活躍しますが、印象深いのはタレントとしてニュース番組でスポーツコーナーを担当し、現役の選手たちを熱く全力で応援する姿です。

またオリジナリティ溢れた独自の言葉を記した日めくりカレンダー『まいにち、

新・修造！』（ＰＨＰ研究所）も好評で、カレンダーとしては驚異的な部数が発行されています。

そこに記された言葉の数々を見ると、とにかく気合いを入れてくれるようなメッセージで溢れています。

関わった選手をはじめ、人々を心から熱烈に、長きにわたって応援する姿は、私たち日本を勇気づけ、元気にしてくれます。

第3章

「銀河の音」の組み合わせで見る人との関係性

「銀河の音」が示す関連性と組み合わせの妙を味わう

生きていく中で、人間関係のウエイトが極めて大きいことは誰もが認めるところです。第3章はそんな関係性に焦点を絞り、組み合わせの妙に触れてみることにしましょう。

これから示す音の組み合わせを、さまざまな場面で応用すれば驚くほどスムーズにことが運ぶでしょう。是非、生活や仕事、あるいはさまざまなプロジェクトなどに応用してみてください。

もしも、親子、家族、チームや組織など、大事な関係性がこれから示す音の組み合わせでないとしたら……。まず知っておいてほしいのは、マヤ暦は「占い」ではないということです。つまり「吉凶」「良い・悪い」を鑑定するものではなく、傾向を知るために使うものです。傾向がわかれば、対策が立てられます。

そもそも、マヤ暦には「銀河の音」以外にも「太陽の紋章（26頁）」などさまざまなファクターがあり、それぞれの側面からメッセージを送ってくれます。

その前提を踏まえたうえで、数万人の人生の一端を垣間見てきた視点から人間関係のトラブルを避けるため、次の提案をしてみます。

まず人間関係の基本は「ちがいを認める」ことです。自分の「銀河の音」だけでなく、すべての音や音同士の関連性、また流れなど「銀河の音」を学び「ちがい」をしっかり理解しましょう。そのうえで、他者を認め、尊重することです。

「インラケッチ」「インラケッシュ」はマヤ人のあいさつの言葉です。「私はもう1人のあなたです」あるいは「あなたはもう1人の私です」という意味です。となれば、「あなたにしたことは、私にしたこと」となります。これを頭ではなく、ハートでしっかり理解すれば、人への接し方がより改善されるでしょう。

自分がコントロールできないものについては、ベストを尽くし、あとは運を天に任せるという気持ちでいることです。ここの線引きがハッキリすると人間関係はもちろん、日々生きていくのがかなり楽になるのではないでしょうか。

	協和関係			連係関係			
	音5	音9	音13	音12	音13	音2	音3
	音6	音10		音13	音1	音3	音4
	音7	音11		音1	音2	音4	音5
	音8	音12		音2	音3	音5	音6
	音1	音9	音13	音3	音4	音6	音7
	音2	音10		音4	音5	音7	音8
	音3	音11		音5	音6	音8	音9
	音4	音12		音6	音7	音9	音10
	音1	音5	音13	音7	音8	音10	音11
	音2	音6		音8	音9	音11	音12
	音3	音7		音9	音10	音12	音13
	音4	音8		音10	音11	音13	音1
	音1	音5	音9	音11	音12	音1	音2

「銀河の音」の組み合わせ

	同じ音同士	倍音関係		補完関係
音1	音1	音6	音11	音13
音2	音2	音7	音12	音12
音3	音3	音8	音13	音11
音4	音4	音9		音10
音5	音5	音10		音9
音6	音6	音1	音11	音8
音7	音7	音2	音12	音7
音8	音8	音3	音13	音6
音9	音9	音4		音5
音10	音10	音5		音4
音11	音11	音1	音6	音3
音12	音12	音2	音7	音2
音13	音13	音3	音8	音1

波長が合う「同じ音」同士

では、これから音の関係に注目しながら、それぞれの「銀河の音」と関連性、組み合わせをみてみましょう。

大前提として同じ音同士は波長が合いやすいといえます。

ただし1つだけ例外があり、音7同士は補完関係（168頁）でもあり、反対にもなります。

同じ音が夫婦の場合、二人三脚ともいえる関係です。それゆえコミュニケーションを密にし、互いの方向や目指すゴールを確認することが大切です。

日米の野球界で長期にわたって活躍を続けるダルビッシュ投手と世界を舞台にレスリングで活躍した聖子夫人は共に「音2」です。とくにこの「音2」は相手の影響を強く受けやすい面があります。この夫妻の場合、互いに相乗効果を生み、深いパートナーシップで結ばれているのではないでしょうか。

また日本を代表するトヨタが2023年社長交代を発表しました。豊田章男氏から佐藤恒治《こうじ》氏への交代で2人は共に「音10」です。「音10」は人間関係の中で成長し、具体的なビジョンを形にするのが得意な面があります。

新体制で新しい取り組みをするための社長交代ですが、背景に人間関係をよりスムーズに回せる佐藤氏を抜擢したこと。さらに同じ音ゆえ、意図が伝わりやすいことも感じての人選だったといえるでしょう。

意気投合しやすい「倍音関係」

音の波形に共通点が多く、通じやすい関係です。同じ音同士と同様に波長が合いやすく、互いのエネルギーを活性化し、動きを生み出すでしょう。

例えば、「音1」の場合、音6や音11が倍音関係となります。「音6」から見ると、音1や音11が倍音関係です。

倍音関係

• 音1	·̲ 音6	音11
•• 音2	音7	音12
••• 音3	音8	音13
•••• 音4	音9	
— 音5	═ 音10	

音1、6、11

「音1」「音6」「音11」の倍音関係は、波長が合うだけでなく、より積極的な活動、動きに結びつく関係性です。自分の意志を貫く傾向が顕著に表れますが、さらに刺激を受け、動きに拍車がかかるでしょう。

「音1」の野口聡一さんが宇宙飛行士になるキッカケとなったのは立花隆さんの著書『宇宙からの帰還』（中央公論新社）を読んだこと。立花さんは「音6」です。

音2、7、12

「音2」「音7」「音12」の倍音関係は、是々非々のエネルギーに磨きをかけ、見極める力をさらに磨いてくれるでしょう。

大リーグでの大活躍で世界的に知られる大谷翔平選手は「音7」。通訳を務めた水原氏の賭博問題は大きな波紋を呼びましたが、真美子夫人は「音12」。見極める眼が育まれ、大谷選手を守る最高のパートナーといえるでしょう。

音3、8、13

「音3」「音8」「音13」は、主体的立場でも対照的な立ち位置でも器用に対応できる組み合わせです。より士気が高まり、さまざまな分野で器用さが際立ってくるでしょう。

結婚後も家庭生活を控え、共にバレーボール日本代表の中心選手としてパリ五輪でも大活躍だった古賀紗理那選手は「音3」、夫の西田有志選手は「音13」です。

この組み合わせパワーで、結婚前以上の多彩なプレーに磨きがかかり、共に五輪出場に大きく貢献しています。

音4、9

「音4」「音9」は自分のこだわりが、のめり込むことで大きな広がりにつながる関係性です。

毎年のようにノーベル文学賞候補として報じられる日本を代表する作家となった村上春樹さんは「音9」。村上さんの影響を受け、ハードボイルド風の作品を書き始め、自分の向き不向きがわかってきた、というのが三浦しをんさんです。三浦さんは「音4」。やはり数多くの文学賞の受賞歴があります。ともに各々独自の世界（ワールド）を構築し、根強いファンが数多く存在します。

音5、10

「音5」「音10」は、それぞれ周囲の人をサポートしたり、お互いに協力する中で、チャンスに遭遇することの多い組み合わせです。また最もモチベーションを上げてくれる組み合わせでもあります。

いまや東大生は官僚を目指すより、楽天グループへの就職に人気が集まっているといいます（東京大学新聞社　就職先ランキング・学部卒　調べ）。そんな楽天の三木谷浩史CEOは「音5」。ある意味、楽天グループは「楽天市場」など、企業への流通サポートから始まっています。一方、同じようにインターネット業界でかつてライバル関係でもあったホリエモン（堀江貴文さん）は「音10」。球団買収などで競合したこともあり、互いに奮起を促す存在だった時期もあったはずです。

最強のコンビであり、反対の関係でもある「補完関係」

音同士を足してその和が14となる場合は「補完関係」です。例えば、「音2」の場合は音12で、「音3」の場合は、音11となります。

補完関係は、基本的に足りない部分を補い合う関係です。理想的な補完関係が成立すると、2人でカバーできる範囲が大きく広がったり、最強のコンビになったりもします。

ただしこれは互いにエゴが少ない場合

補完関係

• 音1	≡・・・ 音13
•• 音2	≡・・ 音12
••• 音3	≡・ 音11
•••• 音4	＝ 音10
— 音5	・・・・— 音9
・— 音6	・・・— 音8
・・— 音7	・・— 音7

に機能するもので、逆に自己主張が強いと、反対の関係でもあるため、トラブルの元になることもあります。全く理解しあえない、反発を感じる関係になる場合もあります。

音1と13

この組み合わせは「補完」のほか、「協和」「連係」の関係でもあります。音の4つの関係性の中で3つも当てはまるため、つながりも結束も最も強固な組み合わせです。

人気漫画でアニメ化もされた『宇宙兄弟』（講談社）の作者・小山宙哉《ちゅうや》さんは「音13」。ペンネームではなく本名とのことで、まるで同作を手がけるために生まれてきたような名前です。その作品に本人役で登場するのが「音1」の宇宙飛行士、野口聡一さん。小山さんを野口さんが自身の実体験をもとにサポートしたり、アドバイスを送ってきたようです。

音2と12

「補完」であり「倍音」の関係でもあります。「音2」が新たな道を切り開き、「音12」が最終的な収拾を担当するイメージです。

「音2」は、目標、ターゲットに向かっていくエネルギーです。将棋界の羽生《はぶ》善治さんは「音2」。一方、全体を見渡し、相手の出方を見極め自分の出処進退を決めるのが「音12」の得意とするところです。この「音12」には囲碁界を代表する井山裕太さんがいます。

互いに大いに学びになる典型的な関係ともいえるでしょう。

音3と11

「補完」とともに奉仕の精神が大事な「協和」関係でもあります。相手を思いやり、目標を同じくすることで結束はさらに強くなるでしょう。

2025年で夏の甲子園も110年を迎えます。長い歴史の中で、最強チームは桑田真澄投手と清原和博選手を擁し、春夏制覇を遂げた当時のPL学園といわれていますす。

桑田投手は「音3」、清原選手は「音11」で攻守に鉄壁なチームだったことを象徴するような組み合わせといえそうです。

音4と10

「補完」の関係ですが、「音4」の構想やビジョンを「音10」が具体的に形にする組み合わせです。

さまざまな構想、ビジョンもそれを具体的な形にし、育て送り出してくれるプロデューサーがいてこそ、世に知られるものです。

2024年7月の新札発行で五千円札の肖像に選ばれた津田塾大学創立者の津田梅子は「音4」。そんな津田梅子と共に日本最初の女子留学生の1人としてアメリカに渡ったのが大山捨松《すてまつ》です。大山捨松は「音10」。津田梅子を全面的にバックアップしたといいます。

大山捨松は学士号を得た最初の日本人女性としても知られています。また、大山巌《いわお》（陸軍大臣、元老）の妻となり、看護師教育、女子教育への支援に尽力しました。これも津田梅子の抱いた構想を別の形で具現化したのかもしれません。

音5と9

「補完」と、シンプルな目的が明確になると力を発揮する「協和」関係でもあります。「音5」で中心や方向性が定まると、「音9」の拡張のエネルギーが稼働を始めます。

NHK連続テレビ小説『マッサン』は「日本のウイスキーの父」と呼ばれた竹鶴政孝をモデルとしたものでした。同番組が注目を浴びたことでウイスキーの需要が一気に高まり、在庫不足が話題になりました。そんな竹鶴政孝は、拡張のエネルギーをもった「音9」。

サントリー（当時は壽屋《ことぶきや》）でも活躍しますが、さらに大活躍の舞台は北海道・余市《よいち》の大日本果汁（後のニッカ）に移ります。

この舞台を準備したのが加賀証券社長の加賀正太郎「音5」です。加賀社長が方向性を示し、準備したことで一気にウイスキー文化が広がりを見せたのです。

音6と8

「補完」と「連係」の組み合わせです。

「音6」の人が対等な関係を築き、飛ぶように動き回ることで、「音8」の人が心の通った集合体としてまとめ上げ、広がりを見せるといった流れです。

2023年のWBCで日本代表を優勝に導いた栗山英樹監督（当時）。選手たちの兄貴のような存在で、心の通ったチームづくりは「音8」らしさを感じます。

栗山さんは東京学芸大学で小中高の教員免許を取得し、教員の道に進むことを決めていたようです。ところが合宿で訪れた静岡県掛川市で野球解説者の佐々木信也さんと会ったことで進路が大きく変わりました。プロテストを紹介され、受けたところからプロ野球選手への道が一気に開けたのです。キッカケをつくった佐々木さんは「音6」です。

音7と7

「補完」であり、同じ音でもあります。まさに不思議な関係です。同じ音ですが、反対でもあり、神秘そのものともいえるでしょう。

2024年3月下旬、米大リーグ開幕戦後に、大谷翔平選手の専属通訳・水原一平氏の不正送金事件が起こりました。

2人とも「音7」です。それゆえ意気投合し、信頼し、かなり深い付き合いをしていたのでしょう。ところが大谷選手からすれば、全く理解に苦しむ大がかりな賭博事件に水原氏が関わっていたのです。親密さと背信という説明がつきにくい「音7」の要素が含まれていた印象です。

つながりを感じる「協和関係」

赤・白・青・黄の色彩（199頁）の特徴が共通し、1つの目的に対して協力し合い、つながりを感じ合える関係です。

物事に取り組むときのポイントになるのが固い結束です。プロジェクトなどを遂行する場合など、効果的です。例えば、「音4」の場合は音8や音12がこの関係に当たります。

ただし、「音1、5、9、13」と「音3、7、11」の組み合わせは、とくに短

協和関係

• 音1	— 音5	••••̲ 音9	≡ 音13
•• 音2	•̲ 音6	＝ 音10	
••• 音3	••̲ 音7	≡̇ 音11	
•••• 音4	•••̲ 音8	＝̈ 音12	

調なチームになりやすく、視点に偏りが生まれやすい傾向があるため注意が必要です。

音1、5、9、13

目的が明確なほど結束する協和関係です。目的が定まると一気にエネルギーが高まり、実行に向かいます。強い意志の働きかけを生む組み合わせです。

1つのことを一途に、目的意識に徹して進む組み合わせであるだけに、個々の目的にズレが生じると崩壊しやすいグループでもあります。そうならないようにコミュニケーションを密にとって、常に目的を確認し合うといいでしょう。

音2、6、10

挑戦テーマを中心とした協和関係です。挑戦するテーマが細かく明確なほど、一致団結し力を発揮するでしょう。

ノーベル生理学・医学賞を受賞した山中伸弥さん「音10」と日本の「ミスターラグ

ビー」と称された平尾誠二さん「音6」は親友でした。2023年秋には2人を題材にしたドラマ『友情』（テレビ朝日系列）が放送され、話題になりました。

平尾さんを襲った突然のがん宣告。医師としてなんとか親友の生命を守ろうとする山中さん。2人は家族と共にタッグを組み、世界の最先端医療も調べ、果敢に挑戦します。闘病中、新たな治療方法を模索しながら道を切り開こうとする2人の姿が印象的でした。

音3、7、11

「人のため」という奉仕的な目的や大義名分があると、固い結束が生まれやすい協和関係です。感覚を磨く中で、広がりをもつ協和関係でもあります。

純粋に自分の関わっている対象そのものが大好きなため、関わりが生涯にわたって続くような人々が数多く存在します。金銭や他者の評価に、それほど関心を向けないほど、活躍は続くでしょう。打算に流されず、純粋な少年、少女のような心をもち続けることがチームとしての力を発揮するポイントです。

音4、8、12

心が通じ合うことを土台として結束する協和関係です。それぞれが心のつながりを大事にし、物事を安定へもっていくことに長《た》けています。実際に心が通じ合う喜びを実感できるでしょう。

心のつながりと結束を志向するため、プロジェクトやチームづくりに向いています。心からの一体化は至福を感じ、ミラクルと思える現象を引き起こすことも多々あります。

２０２４年パリ五輪、男子体操日本は団体で悲願の金メダルを獲得しました。最後の６種目目に入る前、１位の中国に大差をつけられ、常識では金メダルの可能性はほぼない状況でした。ところが首位を走る中国選手の鉄棒での２度の落下など、あり得ないことが起き、大逆転で日本が金メダル。両エースと称された、個人総合でも金メダルの岡慎之助選手は「音４」、橋本大輝選手は「音８」。深い心のつながりと結束がミラクルを起こしたのでしょう。

流れができる「連係関係」

何をするにおいても、「流れ」をつくれるかどうかで未来が決まってしまいます。大きなプロジェクトであればあるほど、「流れ」づくりが大事です。

この連係関係を築くときには、自分の「銀河の音」の前後2番ちがいまでの音がポイントになります。例えば、「音5」の場合、音3、4と音6、7で、「音12」の場合は、音10、11と音13、1となります。この連係関係は、前にくる音が状況を切り開き、後の音がフォローにまわるパターンが一般的です。

実在する家族に当てはめてみましょう。音9、11、12、1、3、5の6人家族がいますが、2番ちがいで収まっています。これは結束が強い家族であることを意味しています。会社などで1つのプロジェクトを立ち上げる場合なども、2番ちがい以内で流れる配列をつくると目に見えて成果が上がるでしょう。

連係関係

音12	音13	**音1**	音2	音3
音13	音1	**音2**	音3	音4
音1	音2	**音3**	音4	音5
音2	音3	**音4**	音5	音6
音3	音4	**音5**	音6	音7
音4	音5	**音6**	音7	音8
音5	音6	**音7**	音8	音9
音6	音7	**音8**	音9	音10
音7	音8	**音9**	音10	音11
音8	音9	**音10**	音11	音12
音9	音10	**音11**	音12	音13
音10	音11	**音12**	音13	音1
音11	音12	**音13**	音1	音2

音1の連係関係

「音12」「音13」や「音2」「音3」とは連係プレーで、1つの流れをつくる関係です。総合的な視点からみると「音13」が補完でもあり、協和関係でもあります。

2010年4月7日、日本人2人が宇宙ではじめて同時滞在した記念すべき日です。そのとき、すでに長期滞在中だった野口聡一さんは「音1」。野口さんの後から国際宇宙センターへ到着したのが山崎直子さん「音2」です。

また何度か野口さんのバックアップクルーを務めた古川聡さんも「音2」。連係の関係です。

音2の連係関係

「音13」「音1」と「音3」「音4」が連係プレーの関係です。

世界で最も人気のあるスポーツはサッカーでしょう。「FIFAバロンドール」という国際サッカー連盟が選出する世界年間最優秀選手賞は、サッカー選手として最も栄誉ある賞です。

これまで14回（2023年まで）の選出機会がありましたが、そのうち8回がリオネル・メッシ（アルゼンチン）、5回がクリスティアーノ・ロナウド（ポルトガル）でした。これほど互いに切磋琢磨し、しのぎを削る関係は類がないことです。

リオネル・メッシが「音2」、クリスティアーノ・ロナウドが「音4」です。メッシの後を一歩距離を置きながらロナウドが追っているイメージです。

音3の連係関係

「音1」「音2」と「音4」「音5」が流れをつくる組み合わせです。

アメリカのテスラ社の経営権を手にして、世界的に名が知られる企業に引き上げたイーロン・マスク氏は「音3」。

テスラ社は、エジソンと共に発明王の双璧と評されるニコラ・テスラに創業者が敬意を表して、つけられた社名です。ニコラ・テスラは「音4」。「音3」のマスク氏が先頭に立つことで、明らかにニコラ・テスラへ関心を寄せる人も増えたはずです。

「音3」が「音4」を再び世に引っ張り出した。そんな印象を受けます。

音4の連係関係

「音2」「音3」と「音5」「音6」と流れをつくる組み合わせです。

日米で活躍した野球のイチロー選手は「音4」。かつての米大リーグにおいて、日本人選手は野手での活躍は厳しいのではないか。そんな憶測が関係者の中では論じられていました。野茂英雄投手をはじめ、好成績を残した投手はいましたが、野手ではいなかったからです。

ところが移籍後1年目からの、イチロー選手の目覚ましい活躍。これを陰ながら支え、ベストなコンディションで試合に臨めるよう準備したのが弓子夫人で「音6」です。一定距離を置きながら、冷静に状況を見つめつつフォローしていたのではないでしょうか。

音5の連係関係

「音3」「音4」と「音6」「音7」が連係プレーで流れをつくる関係です。

「音5」の楽天・三木谷浩史CEOが、まだ日本興業銀行（現・みずほ銀行）に勤務していた当時のことです。なかでも国際的なM&Aを担当していた頃、顧客としてひんぱんに交流があったのが、TSUTAYAを創業した増田宗昭氏「音6」と、ソフトバンク・孫正義氏「音7」だったといいます。

3社ともベンチャー企業として日本を代表する会社となっています。やがて日本の経済界に大きな影響をもつ大きな流れが、出会うべくして出会っていたように感じます。

音6の連係関係

「音4」「音5」と「音7」「音8」が連係し、流れをつくる関係です。

同世代で同じスポーツ選手の場合、互いの世界的な活躍が想像以上に励みとなり、力となることがあるのでしょう。2014年ソチ、2018年平昌《ピョンチャン》の冬季五輪・男子フィギュアスケートで2連覇を達成し、国民栄誉賞を受賞した羽生《はにゅう》結弦《ゆづる》選手は「音6」で宮城県出身。

その流れを引き継ぐように同じく世界的レベルで大活躍を続けているのが、同じ1994年生まれで、同じく東北出身（岩手県）の大谷翔平選手「音7」。別の種目ですが、お互いの活躍が刺激になることをインタビューなどでたびたび語っています。

音7の連係関係

「音5」「音6」と「音8」「音9」とは流れをつくる連係の関係です。

大ヒットのアニメ映画を手がけてきた宮崎駿《はやお》監督は「音7」。スタジオ・ジブリの立ち上げから共に歩んできた映画プロデューサーでジブリ社長の鈴木敏夫さんは「音6」。「音7」の宮崎監督が、企画や営業、宣伝などを担当する「音6」の鈴木敏夫さんに相談し、確認して事を進めているといった流れが関係から読み取れます。

宮崎監督は、実はスマホもPCも使わないし、使えないそうです。常日頃「死ぬまで使わない」と宣言しているようです。それゆえ前屈《まえかが》みになる癖がないのか、背筋はいつだってピンと伸びている。毎朝6時に起きて、2時間の散歩。しかも晴れの日だけでなく雨の日も。それから朝食をしっかり食べてスタジオへ向かうとのこと。「音7」には基準といった意味合いもあります。自分なりの生活スタイルの基準に沿って生きているのでしょう。

音8の連係関係

「音6」「音7」と「音9」「音10」とは連係して流れをつくる組み合わせです。

日本を代表するシンガーソングライターの1人、松任谷《まつとうや》由実さん。「ユーミン」の愛称で知られ、幅広い年齢層から支持を集めています。「音8」のため、共鳴者がある一定数になると、いつのまにか1オクタープジャンプし、活躍のステージや規模が一気に広がるのです。

そんなユーミンをプロデュースし、音楽はもちろん企画などでも支えているのが夫の松任谷正隆さんで「音10」です。まさに「ユーミン」プロジェクトのキーマンは、公私共に夫・正隆さんということになります。

音9の連係関係

「音7」「音8」と「音10」「音11」とは流れの連係を取る関係です。

「音9」は拡張や達成、完成といった意味合いもあります。そのため、さまざまな分野で世界的な規模まで拡大し、世界のブランドに育てた経営者が多くいます。代表的な存在が「音9」の安藤百福氏です。チキンラーメン、カップヌードルを世界に広げ、「日清食品」の土台を築いています。

戦後まもない混沌《こんとん》期に、先の見えないなか、夫を支え続けたのが「音11」の仁子《まさこ》夫人でした。この音は改革のエネルギーが強いため、新たな挑戦に対し、ほどよい距離を置きながら応援し続けたのではないでしょうか。

音10の連係関係

「音8」「音9」と「音11」「音12」は連係し、流れをつくる関係です。

2024年7月の新札発行で徐々にお目見えする機会が減るのが福沢諭吉。まるでバトンタッチするように新札に登場となった北里柴三郎は「音8」。この北里柴三郎を全面的にバックアップしたのが「音10」の福沢諭吉です。

「音8」と「音10」という関係は、北里が医療分野、福沢が教育分野というように違いがこの距離感に表れているのではないでしょうか。

北里は福沢のバックアップを忘れず、福沢の他界後、自ら進んで慶應義塾大学病院の初代院長に無給で就任しています。

音11の連係関係

「音9」「音10」と「音12」「音13」とは連係して流れをつくる組み合わせです。

予備校講師だけでなく、タレントとしても大活躍の林修氏。年間400本以上のテレビ番組に出演し、一年の半分以上がホテル生活という多忙な日々を送っています。そんな予備校の林先生は「音11」。改革を意味していることもあり、東大卒業後、銀行に就職しますが5カ月で退行。その後、ギャンブルなどで1800万円もの借金生活に陥ります。そこで予備校講師として再生をはかります。

東進ハイスクールのCMで発した「いつやるか？　今でしょ！」の言葉が話題となり、2013年度新語・流行語大賞、年間大賞を受賞したところから一気にブレイクしていきます。

そのキッカケをつくったのは電通の阿部広太郎氏。70時間もの講義の映像を見ながらインパクトのある「いつやるか？　今でしょ！」の言葉を抽出したといいます。そんな阿部さんは「音9」。自分のワクワク感を「音11」の林先生に託したのでしょう。

音12の連係関係

「音10」「音11」と「音13」「音1」が連係し流れをつくる関係です。

水泳の池江璃花子選手は「音12」です。東京五輪を目指していた矢先に白血病になりますが、克服し、新型コロナウイルス感染拡大で同五輪が延期になったこともあり、ギリギリ間に合って出場。奇跡の生還ともいわれました。

母・池江美由紀さんは幼児教育に30年以上も携わってきたようです。美由紀さんの本の帯には松岡修造さんの推薦文が掲載されています。その松岡さんは、たびたび池江璃花子選手をインタビューし、常に激励を飛ばしています。池江さん親子ともども「音13」の松岡修造さんの熱いバックアップと後押しを受け続けています。

音13の連係関係

「音11」「音12」と「音1」「音2」が連係し、流れをつくる組み合わせです。

ここで最も注目したいのは「音13」と「音1」の結びつきの深さです。音の関係性は前述したように4つあります。「音13」と「音1」はそのうち3つ（協和、補完、連係）が当てはまります。それゆえこれほど深く強い結びつきは他にありません。

プロゴルファー石川遼選手は「音13」。男子ツアー世界最年少優勝、日本での最年少賞金王記録の保持者でもあります。

多くの場合、プロゴルファーのコーチはプロゴルファーですが、石川選手の場合、コーチであり、マネジメントを担当するのは父・石川勝美さん「音1」です。「音13」の石川選手を「音1」の父が支え、バックアップしてきた親子のつながりの深さが見事に表れています。

第4章

年齢で変わる「音」の意味と1年の過ごし方

マヤ暦の13年サイクルで絶妙なタイミングを知る

人はそれぞれ、誕生日で決まる「銀河の音」のエネルギーとともに、年齢で変わる「音」の影響も受けることになります。これを「年回り」といいます。

年回りの音はそれぞれ人によって異なります。例えば、同じ2024年でも、ある人には音1が回っており、別の人には音8が回っているというように。なぜなら、誕生日で決まる「銀河の音」を起点として、1年ごとに音が順に巡ってくるからです。

例えば「音1」の人なら、1歳になる年は音2の影響を、2歳になる年は音3の影響を、3歳になる年は音4の影響を受けます。

年回りの音にも、もちろん意味があります。その年ごとのテーマになります。

年回りの音は「個人年表」（202頁）をつくるとわかります。

また、音の13年のサイクルを1つの時代として、「赤の時代」「白の時代」「青の時代」「黄の時代」というように4つの時代が巡ります。これも「個人年表」でわかります。

実はこの「4つの時代」と「13の年回り」との組み合わせで、各自のその年の特徴が決まるのです。

赤の時代の音1の年と、赤の時代の音2の年では意識すべきテーマが違います。赤の時代の音1の年と、白の時代の音1の年ではやはり意味が異なるのです。

人はさまざまな「音」の影響を受けている

誕生日で決まる

「銀河の音」 → 生まれもった特徴と役割がわかる

年齢で変わる

年回りの「音」

色(時代)

→ 組み合わせると1年の意味・過ごし方がわかる

自分が今、どの色の時代の、どの音の年回りにいるのか。転機となる年はどうなのか。マヤ暦が人生における絶好のタイミングを教えてくれます。また、ポイントとなるテーマを意識することで、自分自身のエネルギーが高まり、流れに乗れます。

個人年表をつくったら、２０４頁からの色（時代）の説明と、２１２頁からの「音」の説明を両方読んで、ご自身にとっての1年の意味と過ごし方を考えてみてください。

マヤ暦では人生の節目を52歳としています。なぜなら「音の13年サイクル×４つの時代」が一巡するからです。そのため52歳が「一回転して元に戻る年」となります。1つの区切りとして、新たなサイクルに入っていく再出発の年なのです。52歳からは本質のきらめく時代です。我を捨てて人を大事にすると、その後の人生が輝きます。

52歳が一回転なら、26歳は半回転。ここも人生におけるターニングポイントです。

人生１００年時代ですから、78歳も分岐点になります。このときの選択が晩年の人生に大きな影響を及ぼします。

年齢ごとの「色(時代)」「音」の見つけ方

200頁の「個人年表」の見本のように、自分の「個人年表」をつくりましょう。

①生まれた年（西暦）を書き込みます。
②巻末262頁からの「西暦とマヤ暦の対照表」で誕生日から「運命数（KINナンバー）」を確認します。0歳のところに、その運命数を書き込みます。なお、52歳も0歳と同じ運命数になります。
③巻末260頁の「運命数と銀河の音」で「銀河の音」を確認し、0歳のところに書き込みます。
④199頁の「運命数と色（時代）の照合表」で該当する色（時代）を調べます。これも0歳のところに書き込みます。

⑤各年の誕生日に当たる日付の運命数を調べ、同じ手順で書き込みます。

※3月生まれの方はご注意ください。

閏年《うるう》（子・辰・申）生まれの方は、閏年以外の年は誕生日翌日（1日後）の運命数を記してください。例えば1980年3月10日生まれの方は、1歳のところに1981年3月11日の運命数「47」を記入します。閏年に当たる年（4年ごと）は自分の誕生日の運命数を記入します。これを繰り返します。

閏年以外の3月生まれの方は、閏年は誕生日前日（1日前）の運命数を記してください。例えば1978年3月10日生まれの方は、閏年に当たる2歳のところには1980年3月9日の運命数「201」を記入します。閏年以外の年は自分の誕生日の運命数を記入します。これを繰り返します。

⑥「銀河の音」を埋めていきます。自分の音から順番に毎年1つずつ進んでいきます。

⑦色（時代）も埋めていきます。色の順番は赤→白→青→黄です。ただし、どの色から始まるかは各自違います。

実は詳しく見ていくと、「4つの時代」と「年回りの音」のほかに、その年の運命数でわかる「太陽の紋章」の影響も受けることになります。「太陽の紋章」も巻末の「運命数と銀河の音」で確認できます。その太陽の紋章は４年ごとに同じになります。

運命数と色（時代）の照合表

赤の時代	白の時代	青の時代	黄の時代
1 ～ 13	14 ～ 26	27 ～ 39	40 ～ 52
53 ～ 65	66 ～ 78	79 ～ 91	92 ～ 104
105 ～ 117	118 ～ 130	131 ～ 143	144 ～ 156
157 ～ 169	170 ～ 182	183 ～ 195	196 ～ 208
209 ～ 221	222 ～ 234	235 ～ 247	248 ～ 260

1962年10月20日生まれの人の例

西暦	年齢	西暦	年齢	運命数	音	色（時代）
1988	26	2040	78	225	4	白の時代
1989	27	2041	79	70	5	
1990	28	2042	80	175	6	
1991	29	2043	81	20	7	
1992	30	2044	82	125	8	
1993	31	2045	83	230	9	
1994	32	2046	84	75	10	
1995	33	2047	85	180	11	
1996	34	2048	86	25	12	
1997	35	2049	87	130	13	
1998	36	2050	88	235	1	青の時代
1999	37	2051	89	80	2	
2000	38	2052	90	185	3	
2001	39	2053	91	30	4	
2002	40	2054	92	135	5	
2003	41	2055	93	240	6	
2004	42	2056	94	85	7	
2005	43	2057	95	190	8	
2006	44	2058	96	35	9	
2007	45	2059	97	140	10	
2008	46	2060	98	245	11	
2009	47	2061	99	90	12	
2010	48	2062	100	195	13	
2011	49	2063	101	40	1	黄色い時代
2012	50	2064	102	145	2	
2013	51	2065	103	250	3	

「個人年表」見本

西暦	年齢	西暦	年齢	運命数	音	色（時代）
1962 (10/20)	0	2014	52	95	4	黄色い時代
1963	1	2015	53	200	5	
1964	2	2016	54	45	6	
1965	3	2017	55	150	7	
1966	4	2018	56	255	8	
1967	5	2019	57	100	9	
1968	6	2020	58	205	10	
1969	7	2021	59	50	11	
1970	8	2022	60	155	12	
1971	9	2023	61	260	13	
1972	10	2024	62	105	1	赤の時代
1973	11	2025	63	210	2	
1974	12	2026	64	55	3	
1975	13	2027	65	160	4	
1976	14	2028	66	5	5	
1977	15	2029	67	110	6	
1978	16	2030	68	215	7	
1979	17	2031	69	60	8	
1980	18	2032	70	165	9	
1981	19	2033	71	10	10	
1982	20	2034	72	115	11	
1983	21	2035	73	220	12	
1984	22	2036	74	65	13	
1985	23	2037	75	170	1	白の時代
1986	24	2038	76	15	2	
1987	25	2039	77	120	3	

西暦	年齢	西暦	年齢	運命数	音	色（時代）
	26		78			
	27		79			
	28		80			
	29		81			
	30		82			
	31		83			
	32		84			
	33		85			
	34		86			
	35		87			
	36		88			
	37		89			
	38		90			
	39		91			
	40		92			
	41		93			
	42		94			
	43		95			
	44		96			
	45		97			
	46		98			
	47		99			
	48		100			
	49		101			
	50		102			
	51		103			

「個人年表」をつくってみよう

西暦	年齢	西暦	年齢	運命数	音	色（時代）
	0		52			
	1		53			
	2		54			
	3		55			
	4		56			
	5		57			
	6		58			
	7		59			
	8		60			
	9		61			
	10		62			
	11		63			
	12		64			
	13		65			
	14		66			
	15		67			
	16		68			
	17		69			
	18		70			
	19		71			
	20		72			
	21		73			
	22		74			
	23		75			
	24		76			
	25		77			

年齢ごとの「色（時代）」の意味・過ごし方

赤の時代

「赤」という色は、最もパワフルで勢いを感じさせてくれます。まさにそれを象徴する13年間です。

「赤」は東西南北で喩《たと》えると東を表しています。これは社会を意味しています。朝日の昇るような勢いで、新しいことに挑戦したり、これまでの人間関係以上に、新しい出逢いから道が開かれることが多い期間ともいえるでしょう。

出発のタイミングでもあるため、心がけたいことは「何のために？」という問いです。気持ちが前向きになり、その気持ちに従って何かに挑戦することもよいのですが、この「問い」をもち、自分の考え、想いを整理することで確実に継続しやすくなるでしょう。

また、この13年間はエネルギッシュに行動し、社会の人間関係から学ぶ時期でもあります。社会で揉《も》まれながら多くの学びを得る、そんな貴重なタイミングでもあります。

あわただしい時期でもあるため、心を落ち着かせることが肝要です。そのために意識したいのは「土」に可能なかぎり触れることです。畑で野菜づくりをしたり、植物を育てたり……。

すべての存在が行き着く場所は「土」です。それゆえ、最も心を落ち着かせるエネルギーが多分に含まれているのではないでしょうか。

この期間はとくに早朝、朝の時間を大切に過ごしてみることを心がけましょう。

白の時代

「白」は、純粋無垢《むく》なイメージで透明感があり、何色にでも染まる色でもあります。「白」は東西南北では、聖なる場所とも称される北を意味しています。これは目に見えない尊い存在を象徴しているのです。深夜から未明にかけ、静かに時間が流れ、最も神秘的で未知な世界を旅しているようなイメージです。

この13年間は、これまで以上に内面に目を向け、何より自分自身としっかり向き合う。そして自分の気持ちや想いを確認することが大事な期間ともいえるでしょう。

それを繰り返し実践すると、内的な進化・成長に順応するように次々と出逢いに変化が生まれ、それに沿った現象が起こるでしょう。

「白の時代」は起承転結でいえば、「承」に当たります。それゆえ継続すること、やめることをはっきりさせ、物事の断捨離を断行し、よりシンプルさを心がけるタイミングです。

「いまの自分にとって必要か?」そんな問いをもちながら過ごしてみてはいかがでしょう。

シンプルになるほど本当に大事なものが明確になってくるでしょう。すると価値観が合う仲間が自然に集まってくるでしょう。

またこの期間は「空気」を意識することが大切です。よりよい空気を吸う、深い呼吸やリズム、気功などに心を向けてみてはいかがでしょう。この意識の延長上に、目に見えないエネルギーに敏感となり、場の空気を読んだり、目の前の存在の微妙な変化もよくわかるようになります。

そのためにも就寝前の時間を貴重視し、翌日のスケジュールをイメージし、小さな喜びと感謝の心で眠りにつくことです。

青の時代

「青」は、東西南北では「西」に当たり、パートナーを意味します。パートナーとは、配偶者をはじめ、ビジネスパートナーだったりしますが、それを突き詰めていくと「理解者」という存在に行き着きます。

「理解者」の存在は、大きな心の支えとなり、力の源泉ともなります。この13年間は、互いに通じ合える信頼関係を築き、その土台の上に活動のステージを上げていく期間でもあります。

また「起承転結」の視点でみれば、「転」に当たり、最も変動のある期間です。揺らされることで、自分の課題や向き合うテーマが明確になるタイミングともいえるでしょう。

それゆえこの期間は、いかに「柔軟性」を身につけ、大きな波や揺れに柔軟な対応が可能になることが大切です。

変動の時期はこれまでを見直し、修正をかけるときでもあります。それを意識し、繰り返すことで人間的に著しく成長がなされるのが、この時代の大きな特徴でもあります。

この期間は「水」を意識し、より関わりをもち、またそこから学ぶことも大切です。「西」は陽《ひ》が沈むところでもあります。夕日は情緒的な感覚とも深い関係があります。豊かな情感性が身につきやすいときともいえるでしょう。

結婚、離婚、あるいは就職、転職、転居など環境が変わることも大いにあり得る時期です。

変化のときは学びが必須ともいえるでしょう。ポジティブシンキングを学び、希望と共に暮らすには「生き方」を学ぶことが有効です。

黄の時代

黄の時代は、方角でいえば「南」です。これは子や孫、また理想を表しています。この13年間は地域のコミュニティなどをつくり、互いの気持ちを大切にしながら心地よい居場所づくりをしてはいかがでしょう。

「遠くの親戚より近くの他人」という言葉がありますが、2020年から3年近く影響を受けた「コロナウイルス感染拡大」の折など、これを痛感した方も数多くいたにちがいありません。

「コミュニティ」は互いに相手を尊重し、相手の気持ちを慮《おもんぱか》ることで成立するものです。赤、白、青、それぞれの時代のサイクルを通じ、鍛錬され、実を結んできた人格が試される時代でもあります。そのようにしてきたという自信がなくても、これから日々、微調整を繰り返しながら少しずつでも磨きをかけていけばよいのです。

また自分自身の生活サイクルやルーティンを確立し、幸せサイクルのモデルづくりを楽しんでもよいでしょう。

この13年間は、心からの納得がとても大事な期間でもあります。たとえ納得できるところまでいかなくても、自分なりの解釈を加え、一つひとつ処理し、自分の中で消化することです。これが健全な心身を保つ秘訣でもあります。

「世のため」だけでなく「後《のち》のため」に自分にできること。あるいはそのためにどんな行動を選択することが望ましいのか？　このような問いとともに過ごしてはいかがでしょう。

年齢ごとの「音」の意味・過ごし方

音1の年…決める、ポジティブシンキングの徹底

「1」は新たな出発を意味しています。まずは「何を」「何のために」やるのか？これをより詳細に、明確にすることです。そのためにも頭の中で漠然と思考を巡らせるだけでなく、ノートなどに記し、具体的に見える化しましょう。この「決める」という行為により、知らず知らずのうちに磁気を発するようになるのです。

そしてこれが引き寄せを起こし、準備されていたと感じるもの、人が集まってくるという現象が時間の経過とともに起こるでしょう。

初心を忘れないようにするためにも「何を」「何のために」という問いを自分の中

で繰り返し、唱え、はじめの意図、動機を再確認する。これが原点となります。

さらに「ポジティブシンキング」を徹底することです。これがはじめの勢いを保つ秘訣でもあります。

音2の年…よりシンプルに、コンビネーション

何かを本格的に始めるために大切なことは、逆説的な視点でいえば、その分、何かをやめ、よりシンプルさを増すこと。実際に動き始めて流れをつくるには、この通過点を経て、ろ過され、心からのモチベーションが大いに高まります。とくに自分の生活スタイルの中で時間を要し、ウエイトを占めていたことの1つでもやめてみましょう。流れを変えることにもなり、新しい流れやリズムをつくることにもなります。

さらに何かを成就するためには、輪の原形をつくることです。これはこれから広がるであろう人間関係のひな形ともいえるものです。

そのためにも誰と関わり、組むか？　これも重要なテーマです。共に歩む存在とは、利害を超えた信頼が必須です。

音3の年…協力関係、必要性

周囲との協力関係を着実に築くことがテーマです。この関係を強固にし、崩れないようにするには、奉仕の精神と約束を曖昧にせず、互いに意見交換し、明確にすること。

物事の判断の目安として「必要かどうか」を軸とする。これを実践することで、本当に大事なものが明確になり、より目的意識が高まるでしょう。

近江商人の教えに「三方よし」があります。これは「売り手よし、買い手よし、世間よし」を表していますが、これを根底に据えた理念があってこそ、関係は長く続くでしょう。

互いに自分は相手のため、グループのため、そして社会のために何ができるか？

このような問いをもつとすべての関係はスムーズになり、円滑な流れがつくられるでしょう。

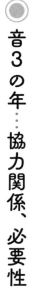

音4の年…システム化、ブランドイメージ

各々の役割分担をはっきりさせ、1つの流れをつくります。これはサイクルをつくることでもあり、さらには仕組み、システム化することを意味しています。

まず1日のサイクル、1週間、1カ月、1年と、個人においても組織においてもいかによりよいサイクルをつくり、よいリズムを形成するか。これは習慣となり、定着させる大きなポイントになります。

世の中は基本的に「ブランド志向」です。この本質にあるものが「安心」「安全」「信頼」というものです。これを深く掘り下げていくと究極は出発点である理念、想い、考えというものが形になったものでもあります。

そこに焦点を当て、徹底することが極めて重要です。

音5の年…中心を定める、コミュニティ

中心を定めるということを現代風に表現すると「自分軸」を定めることに似ています。「音4」の年までのプロセスを振り返り、ここで自分の気持ち、想いをしっかり確認します。

この「軸」を定めるのに有効な方法は「日記（ダイアリー）」を通じ、日々自分自身と向き合い、自分の気持ちを入念に確認することです。これを繰り返すことで「自分の人生の主人公は自分」ということを実感するようになります。

自分の気持ちや想いを確認すること。これこそが自分を愛するという行為であり、自分自身へのメンテナンスともいえるでしょう。

これがなされると、静かに自己のリズム形成がなされ、「倍音」という見えない共鳴現象が起こり始めて「コミュニティ」の足場ができるのです。

音6の年…絶妙なバランス、応じる力（柔軟性）

「自分軸」を大事にし、また自分の軸と同じくらい他者の「自分軸」も大事にすることで「絶妙なバランス」がとれ、その渦が大きな広がりを見せ始めます。

これを実現するために、必要になるのは「応じる力」であり「柔軟性」ということになります。あくまで「親しき中にも礼儀あり」を忘れず、基本的には対等な関係で、不都合なことも互いに言い合える関係の構築です。

この土台があると、大胆で活発な動き、活動へとつながっていきます。そこから影響力が増し、人間関係においても大きな広がりを実感するでしょう。

横につながり、広がりに結びつきますが、ていねいさ、律儀な姿勢が信頼と絆を深めることになります。

音7の年…チューニング、神秘の力

広がりが出てくると、チューニングという調節が必要になってきます。

またこの「音7」の年は、焦点を絞りに絞り、心静かな状態を備えると精度の高い大事な情報をキャッチできるでしょう。

それは心を整え、水平な状態をつくるイメージです。その「未来からのメッセージ」めいた内容を受け取ると「神秘の力」が働き、宇宙の本質につながるといった感覚を実感するはずです。

また「7」という数は1~13までの真ん中に当たり、基準を意味しています。それゆえ頭を使う以上に五感をフル稼働させることです。そこで感じ取ることは、次のステージで確実に活《い》かされるようになっています。

音8の年…調和、ジャンプ（飛躍）

この年は、周囲との調和、バランスを鑑み、共鳴、共感の輪を広げることがテーマです。

時代は明らかに「調和」を望み、求めています。「多様性の時代」はとくに「統一」という概念ではなく、違いを認め、互いに尊重する「調和」というスタイルが適合します。そのため「1つ」の答えや結論にこだわることなく、見識を広げ、寛容さを身につけることも大事です。

共鳴したり共感する存在がある一定数出てくると、気がつけば自分の活動するステージが次の段階に来ていることを知るでしょう。1オクターブジャンプし、活動のステージが変わったのです。

人間関係での悩みも抱えやすい面もあるので、「気にすること」と「気にしないこと」をしっかり分けることです。

音9の年…ワクワクドキドキ（好奇心）、グランドデザイン

さらに動きが活発になり、人間関係も大いに広がりをみせ、近未来の方向性と形、ビジョンが具体的に描けるようになる年です。

ここで忘れてならないのは「子ども心」です。ワクワクドキドキに象徴される好奇心に溢れた気持ち。これは日常生活においても核となり力の源泉にもなるマントルのようなものです。失うことがないように、ときには幼児と接したり、大自然の中へ小冒険に出かけてみてはいかがでしょう。このワクワク感は、幸せや喜びにもつながり、拡張・拡大のエネルギーにも転換されます。喜んで生きている方に人はいつしか感化され、影響を受けるものです。

「好奇心」を携え、未知の領域へ出発してみてはいかがでしょう。

また小さな達成を大切にすると自信にもなり、肯定的な思考になってきます。

音10の年…顕現、エッセンスセルフ（真の自己）

「音10」の年は具体的な形となり、見事にビジョンや思考が具現化するタイミングです。これを達成するために、問われることを一言で表現すると「誠意」です。

ここでいう「誠意」は、深いところで自分とつながることを意味しています。これを意識し、日々生きると「エッセンスセルフ」としっかりつながり、インスピレーションやさまざまな媒介を通じ、誘導されることがひんぱんに起こります。

周囲の人々や関わりのある人を応援し、サポートする年でもあります。他者実現を支え、応援することで、実は自己実現が加速し、早まることになります。

「音10」は「音5」と倍音関係です。音5の年と同じように自分の気持ち、想いをしっかり確認してください。この繰り返しがエッセンスセルフと対話する道でもあります。

音11の年…浄化、不協和音

不要なものを削ぎ落とし、本質をさらに輝かせる年といえるでしょう。

浄化、改革とは「現状把握」から始まり、ゴールに至るまでの流れを確認し達成したうえで、あらためて一つひとつを見直し、そして「修正」をかけるといったプロセスです。存在自体をさらに輝かせるために、この「音11」のプロセスを経る必要があるのです。

「見直し」や「改革」は、当然のごとく抵抗や執着などが出てきて不協和音を目の当たりにするでしょう。これを怖れてはいけません。見直しが大きいほど大きな手術に相当する痛みは覚悟する必要があります。よりよい大事なものを創造するには避けて通れないプロセスです。

ある意味、開き直って、全力で取り組むことで、本当に大事なものはそのまま残ります。

音12の年…収束、分かち合う

音11の年で生じた不協和音が収束をみせ、安定へ向かうタイミングでもあります。
この年は、多くの人や物が集結してくるでしょう。そのような現象が起こる場合、「分かち合う」気持ちが強く、これまでのプロセスで絶大な信頼を得てきた証しともいえるでしょう。

物事を収束させ、一旦区切りをつけるときが来ました。振り返りをしっかりし、得てきた恩恵や反省点を共有すると、これからの教訓にもなり、その学びから多くの人が気づきを得るはずです。しっかり相手の話を聴き、居場所づくりを心がけると、その輪はとめどなく広がっていくでしょう。

一つひとつの案件に区切りをつけ、一旦処理し、整理する年でもあるのです。

音13の年…超越する、集大成の力

1つの集大成は次のステップの始まりでもあります。いつの時代も「終わりは、始まり」です。この「音13」の年は、これまでの1～12までの歩みの結果が反映されるときでもあります。「自分がまいた種は、必ず自分で刈り取らねばならない」のです。

またそれを土台として「予期せぬ」プレゼントやギフトが届くことも多々あります。それらはいまの自分には最適な代物ということになります。

思いっきり視野を広げ、さまざまな境界線や判断基準を超え、宇宙意識で物事を見つめるタイミングでもあります。

「世のため」という言葉がありますが、「世のため」の入り口となるのは「目の前の存在」です。目の前にいる存在に喜びを届けることから無限の広がりは出発します。

この13年のサイクルを振り返ると、「すべては準備されている」こと、「すべてはつながっている」、「すべてに天の配剤がある」ことを実感するはずです。なにより幸せは外からの刺激ではなく、内から湧き上がってくるものであることに気づくでしょう。

第5章

宇宙に一瞬でアクセスできる260日のメッセージ

260日サイクルで、毎日ちがう高次のエネルギーが届いている

これまで、人それぞれに年ごとの「銀河の音」によって役割が与えられていることをお伝えしました。また、年齢によって変わる年回りの音から1年の過ごし方を見ていただきました。ここからは、毎日、宇宙から流れてくるメッセージについてお伝えします。

マヤ暦では、時間の流れは13日が最小サイクルです。13日のサイクルで1日ごとに異なるエネルギーが巡っています。それが「銀河の音」であることはすでに述べてきました。

もう1つの鍵として「20」というサイクルがあることも冒頭で触れました。20のナワール（神の意識）、すなわち「太陽の紋章」です。こちらは20日のサイクルで1日

ごとに異なる神の叡知《えいち》・意識が宇宙に流れるとされています。

13日の「銀河の音」と、20日の「太陽の紋章」。この組み合わせによる260日のサイクルがツォルキンという暦です。

ツォルキンの260日には、それぞれ260通りのエネルギーが巡っていると解釈されています。その日その日のエネルギーを意識すると宇宙のリズムと波長が合ってきて、シンクロやミラクルが起きてきます。これを意識して日々過ごせるように、本書では「ツォルキンカレンダー」として260のメッセージを掲載しました（230頁～255頁）。

年ごとの「銀河の音（年回り）」は、個人個人で異なります。「ツォルキンカレンダー」が示すその日のエネルギーは、すべての人に共通しています。宇宙が人類に届けてくれる日々のアドバイスともいえるものです。

もともと生まれもった「銀河の音」による役割と、年回りの意味・過ごし方、加えて「ツォルキンカレンダー」を毎日チェックしながら「今日はこのように過ごしてみよう」と心がけてみてください。人智を超えたエネルギーに背中を押される感覚を覚え、驚くほど充実した日々となるでしょう。

「ツォルキンカレンダー」の見方

「ツォルキンカレンダー」はＫＩＮ１からＫＩＮ２６０というサイクルになっています。これは巻末２６２頁からの「西暦とマヤ暦の対照表」が示す「運命数（ＫＩＮナンバー）」そのものです。では、今日という日がツォルキンのどの日に当たるのかを確定させる方法をお伝えしましょう。

①巻末２６２頁からの「西暦とマヤ暦の対照表」で、今日の（または知りたい日の）運命数を確認します。

例えば、２０２４年9月30日だとしたら「85（＝ＫＩＮ85）」「音7」です。

②２３０頁からの「ツォルキンカレンダー」で該当の運命数を探します。

③そこに書かれているメッセージを意識して過ごしてみましょう。

メッセージは、私のマヤ暦の研究によって培ったものです。

とくに今回は、「20日間のポイント」も伝えています。

この「20日間のポイント」について、簡単に説明しておきます。

20日ごとに巡る「太陽の紋章」は、1サイクル＝1列と示されます。２６０日周期のツォルキンは当然、13列となります。実は、この13列もそれぞれ「音1〜13」に当てはまり、これを「列の音」と呼んでいます。

この「列の音」と連動するメッセージを「20日間のポイント」として表しました。

これまで記述してきたように、13の「銀河の音」それぞれのエネルギーには傾向があり、特徴があります。その「銀河の音」と「列の音」が織りなす組み合わせによっても日々のエネルギーは変わるのです。

このようにマヤ暦が教えてくれる情報は幾重にも重なっています。さまざまな側面から「どう生きるべきか」というヒントを与えてくれるのです。

ぜひ、日々のエネルギーを感じ取って、宇宙の叡知とアクセスしてください。

ツォルキンカレンダー

20日間のポイント

すべては、いまの環境や状況を受け入れることから始まる

KIN1	音1	心に決めると、〝磁気〟を帯び、必要なものが次々に集まってくる
KIN2	音2	「直感ノート」をつくる。ヒントに溢れた宝となる
KIN3	音3	他者実現への惜しみない協力が、自己実現への最速の道
KIN4	音4	よくよく観察することで、最適な答えが明確にイメージできる
KIN5	音5	心からやりたいことは何か？　情熱はミラクルを生む
KIN6	音6	相手の心を訪ね、相手の立場に立つと、かけがえのない深い関係が構築される
KIN7	音7	プラスの思い込みを抱きながら、一歩前へ。一つひとつを処理していく
KIN8	音8	調和は〝多様性〟と〝ちがい〟を認めることから始まる。答えは1つではない
KIN9	音9	ワクワクする学びは、気づきと変化を連れてくる。学びの気持ちを忘れない

KIN10	音10	純粋な想いで明確にイメージすると、わりと短期間でカタチとなる
KIN11	音11	希望ある愉快な〝逆転の発想〟は、人々を魅了し、新しい突破口を開く
KIN12	音12	自分自身が感銘を受けたことを語り続けると、自然に自分軸が立つ
KIN13	音13	これまで長く関わったことは縁がある証。そこに今後の大きなヒントあり
KIN14	音1	飾らず〝素の自分〟で生きると、準備された双子のような友と遭遇する
KIN15	音2	〝優先順位〟を具体的に記し、〝見える化〟すると、不思議なほど心が整う
KIN16	音3	利害を超越した心からの思いやりで、揺るぎない協力者が登場する
KIN17	音4	前後左右から物事を見ることで、バランスのとれた判断が可能となり、次々に相談が来る
KIN18	音5	心の内にあるものを文字に表してみると、前向きな力がみなぎる
KIN19	音6	我（われ）を忘れ、完全燃焼すると、思わぬひらめきとアイデアが訪ねてくる
KIN20	音7	心から好きなことは、飽きることがなく、未来への道を暗示している

ツォルキンカレンダー

20日間のポイント

新たな挑戦で得る体験は、やがて大きな魅力となる

KIN21	音8	周囲の評価は横に置き、自分の信じる道を一途に進む
KIN22	音9	語り合う中で、相手の気持ちを察する。これが〝大きな輪〟への出発点
KIN23	音10	何かを実現するために、まず何かをやめる。これが成就の王道
KIN24	音11	とことん量をこなし、のめり込むと、確実に新しい世界が開けてくる
KIN25	音12	リズムが合わないときは、少し距離を置く。〝心地よさ〟を大切にして
KIN26	音13	一生関わりたいことを仕事とする。それが人生を切り開き、オリジナリティを生む
KIN27	音1	体験するたびに教訓を残すと、知らず知らずのうちに次のステージが準備されている
KIN28	音2	自分のスキルに磨きを掛け続けると、突き抜けた存在になる
KIN29	音3	得意なことを研ぎ澄ますと、人に恵まれ、物の豊かさを体感する

KIN30	音4	誠意を尽くす日々を送ると、物事や人物を見極める目が養われる
KIN31	音5	自分が愉しめないものはやめる、捨てる。シンプルライフで大切なものが見えてくる
KIN32	音6	感動を分かち合える仲間は、人生を豊かにし、新しいことへの挑戦意欲を高める存在
KIN33	音7	家庭、職場、コミュニティ、最適な空間づくりにチャレンジ。すべてが動き始める
KIN34	音8	外出して大自然に触れると、忘れていた大事なことを思い出す
KIN35	音9	グローバルな視点で〝流れ〟を見極め、喜びの連鎖をイメージし、行動してみよう
KIN36	音10	応援する、支える、思いやりを根底に、自分の気持ちをしっかり伝えてみては
KIN37	音11	長く続く〝友人・人間関係〟は、信頼のバロメーターでもある
KIN38	音12	準備して待つことで、忍耐を覚え、目に見えないエネルギーの流れに敏感になる
KIN39	音13	自分が惚れ込んだものに集中すると、新しい方向が明確にイメージできる
KIN40	音1	心に決め、実際に具体的に動き出すと、直感が驚くほど冴える

ツォルキンカレンダー

20日間のポイント

自分の利害を超えた奉仕の心は、強力な説得力を生む

KIN41	音2	好奇心は新しいチャンスを広げ、あらたな出逢いを生む。未知の場所、人に逢いに行こう
KIN42	音3	何かと何かを上手に融合させると、化学反応が起き、驚きの展開が待っている
KIN43	音4	眠れなくなるほど興奮することが、自分の役割と社会的なミッションとを連動する
KIN44	音5	何げない気くばりを身につけると、いつのまにかどこにでも必要な人になっている
KIN45	音6	自分の気持ちに従って動きまわると、大いに生命力が高まり、物事が進展する
KIN46	音7	利害を超越し、全力で公（おおやけ）のために尽くすと、揺るぎない信頼を築ける
KIN47	音8	人付き合いを愉しむと、自然と輪が広がり、必要なコミュニティがつくられる
KIN48	音9	自分にとって作品づくりとは何か？　それが明確になるだけで、活躍の舞台が整う
KIN49	音10	予兆、サインに注目すると、たびたび未来からのメッセージを受け取るように

KIN50	音11	時には、勇気をもって断行する。出発点が自分本位でなければ、必ず想いは伝わる
KIN51	音12	愉快な仲間で集まる。するとアイデアが交錯し、ビジネスチャンスも生まれる
KIN52	音13	素直に自分の気持ちを表現すると、親しさが増し、いつのまにか必要とされる人に
KIN53	音1	愛と思いやりの〝空間づくり〟を心がける。その後ろ姿こそ、最高の教育
KIN54	音2	サプライズを思う存分愉しむ。やわらかい雰囲気が不都合なことも言い合える関係をつくる
KIN55	音3	粋（いき）な計らいを意識し、実行に移すと、なくてはならない存在に
KIN56	音4	人の心を楽にし、明るくすることを研究してみよう。さまざまな波及効果あり
KIN57	音5	嬉しい時は、歌い踊ろう。幸せなリズムを心身にしっかり刻む
KIN58	音6	腹を決め、覚悟を決めれば、本当の仲間が集い、結束が固まる
KIN59	音7	徹底して情報を分別し、絞り込むと、奥深い楽しみと面白さに遭遇する
KIN60	音8	他者を喜ばせることが、自分自身が活（い）かされる道をつくることになる

ツォルキンカレンダー

20日間のポイント

目の前の人の喜びに焦点を合わせると、自然に輪が広がる

KIN	音	ポイント
KIN61	音9	勢いを加速させながらも、周囲との調和も大切に
KIN62	音10	自分の気持ちを作品にしたり、記したりすると心が確実に落ち着く
KIN63	音11	時には自分の夢や希望を見直し、修正をかけることも必要。新しい道が着実に開ける
KIN64	音12	周囲への心遣いと分かち合う精神に多くの人が集まってくる
KIN65	音13	1つのことを長く続けると、それが「自分らしさ」となり、1つのブランドに
KIN66	音1	メメント・モリ(自分がいつか必ず死ぬことを忘れるな)を定期的に思い出す
KIN67	音2	ちょうどいい加減をみながら、最適な人との接し方を研究してみる
KIN68	音3	芸術に触れると、感性がさらに豊かになり、感化力、影響力が増す
KIN69	音4	専門分野、得意分野に集中することで、自己ブランドが形成される

KIN70	音5	ほんとうに大事なことは、小さな声で、静かに話す
KIN71	音6	同じ視線で接し、寄り添うことで、細やかな心を知る
KIN72	音7	感動を何度も繰り返し反すうすると、心が満ち、幸せを感じやすい感覚が身につく
KIN73	音8	行動的でエネルギッシュなときほど、定期的に振り返りをする。これが空回りを防ぐ
KIN74	音9	完全を求めず、失敗は「人間らしさ」の表れ。何でも求めすぎると孤独を感じる
KIN75	音10	「こうなったら、面白いな」という発想が思わぬ成果を生み出す
KIN76	音11	機（チャンス）を活かすには、気力が旺盛でなければならない
KIN77	音12	身の回りで起きた出来事は、すべて絆を深める元になるという発想
KIN78	音13	独自のグッドアイデアを見つけることで、物事は継続しやすくなるのかもしれない
KIN79	音1	常識を超えたアイデアや発想は波紋を呼び、一人ひとりの本音が出てくる
KIN80	音2	明るくご機嫌な姿をイメージし、実践することが活躍の舞台を広げてくれる

ツォルキンカレンダー

20日間のポイント

気持ちを伝え合い、支え合うことでコミュニティは始まる

KIN	音	ポイント
KIN81	音3	焦点を絞り、すべてを懸けてやるからこそ、自分の支えとなる成功体験ができる
KIN82	音4	絞りに絞り自分の専門分野を明確にすると、これまでにない新しい分野が誕生する
KIN83	音5	夢を現実にする秘訣は、寝ても覚めてもそのことばかりに意識を向けること
KIN84	音6	のめり込んで、その仕事の面白さを知るところまでいくと、中心的存在となる
KIN85	音7	勇気をもって心の窓を開くと、大切な答えがそこにある
KIN86	音8	やさしく、やわらかいコミュニティをつくると、多くの人が巻き込まれてくる
KIN87	音9	たくさんの課題に手を出さず、最大の価値を生む上位20％に集中せよ
KIN88	音10	前向きなモチベーションを維持できるのは、それが自分の喜びであり幸せと結びつくから
KIN89	音11	「何のために？」と自問を続け、心のあり方を常に見直し、修正する。これが浄化

KIN	音	メッセージ
KIN90	音12	まごころから発する言葉は、多くを語らずとも心に響き通じる
KIN91	音13	単なる結果以上に、そこに至る〝プロセス〟を味わい愉しむ。これが人生の糧となる
KIN92	音1	心の中で強烈に自分の〝生き方〟〝あり方〟を問い続けると、周囲から重用される
KIN93	音2	思うようにならないことで、人間は成熟に向かい、深みを増す
KIN94	音3	〝とくべつ〟を願わず、〝普通〟であることを受け入れることで、心静かな時間が増える
KIN95	音4	自ら機会をつくり出し、その機会によって自らを変えるという愉しみ
KIN96	音5	不都合なことも言い合える関係が、風通しを良くし、よりよい成果につながる
KIN97	音6	インプットを増やし、アウトプットを生むと、自分の未来が確実に創造される
KIN98	音7	深いところまで学ぶ人は数少ない。そこに大きなチャンスと希望あり
KIN99	音8	すべて整っているという視点から始めると、自然に輪が広がりをみせる
KIN100	音9	最も幸せな人は、シンプルにたった1つのことに全身全霊を傾けている人

ツォルキンカレンダー

20日間のポイント

気にしないことが増えると、気楽な人生となる

KIN	音	ポイント
KIN101	音10	1つ終わったら次のことを。この習慣が心地よいリズムをつくる
KIN102	音11	共感の幅が人間の幅。共感され、伝わる実感をもつと変革への勇気が湧く
KIN103	音12	くじけない毎日のために〝帰るべき軸〟をもつ。それはモットーや精神、理念、信条
KIN104	音13	〝秘〟をみる力を養う。秘訣、秘中の秘など。独自のアンテナを張ってみよう
KIN105	音1	何度も繰り返し、自分の感覚を心身に刻むと基本が構築される。あとは応用にすぎない
KIN106	音2	「あの人の喜ぶ顔が見たい」は、挑戦意欲を高め、自分を育ててくれる
KIN107	音3	こと細かに分析すると、人の心の動きが見えてくる。それは大きな宝となる
KIN108	音4	すべての自然エネルギーは調和に向かう。このエネルギーを意識すれば、すべてが収まる
KIN109	音5	明るく晴れやかな気分で暮らすと、次々と応援する人がやってくる。肩の力を抜く

KIN 110	音6	役割を明確にし、動き回り、人と関わるほど、創作意欲がとめどなく高まる
KIN 111	音7	〝冷めた眼〟と〝温かい心〟の両方を意識すると、よりよいコンビネーションが描ける
KIN 112	音8	到達は、何も加えるものがなくなったときではなく、何も削るものがなくなった状況
KIN 113	音9	〝小さな興奮〟が続くと、生きる力、喜びがみなぎってくる。心の中の揺れを愉しむ
KIN 114	音10	自分のダメなところを直視し、新しい視点で武器にすることを考えてみる
KIN 115	音11	世の中に同じものはない。これを実感すると〝ひらめき〟がやってくる
KIN 116	音12	純粋な心でチャレンジすると怖れも退散する。これは子ども心を取り戻す手法でもある
KIN 117	音13	〝自分を突き動かす動機〟が見つかれば、自主性が生まれ、三日坊主は防ぐことができる
KIN 118	音1	心からの〝敬〟は静かに周囲をやさしく包む。これが心地よさにつながる
KIN 119	音2	窮すると変化が生まれ、変化が起こると通じる道が生じる。行き詰まることまでが楽しい
KIN 120	音3	めいっぱい、ていねいに心を込めて仕事をすると、人の心を動かせる存在となる

ツォルキンカレンダー

20日間のポイント

幸せとは自分と時間を忘れること。絞りに絞って集中する

KIN	音	ポイント
KIN121	音4	縁をより深くたどっていくと、自然に謝念が湧いてくる。心にやさしい風が吹く
KIN122	音5	しっかりと周囲の声に耳を傾け、意見交換する中で真のニーズが見えてくる
KIN123	音6	調子のいいときに自惚(うぬぼ)れず、調子の悪いときにはへこたれない
KIN124	音7	得意なことを無我夢中でやり続けると、やがて突き抜けた存在となる
KIN125	音8	情報は想像・イメージを生み出し、行動に移せば、想像以上になる
KIN126	音9	答えの出ない場面こそ、自己成長の絶好の機会。とことん問い続ける
KIN127	音10	一つひとつを処理し、整理する。そのサイクルが最適な環境を創造する
KIN128	音11	缶詰は中身が見えないからこそ、製造する者は正直でなくてはならない
KIN129	音12	絶対に失敗しないとわかっていたら何をする?　そこを掘り下げると自分の役割に遭遇する

KIN	音	メッセージ
KIN 130	音 13	毎日、まっさらから出発できる人は、不安もしがらみもない。日々が再出発の日
KIN 131	音 1	童心に返り、自分の好きなことを書き出してみる。人生が光を放ち愉快になってくる
KIN 132	音 2	万難を排し、その世界に没入すると、最適なメッセージが降りてくる
KIN 133	音 3	ストレスは傷痕を残す。しかし同じようなストレスに襲われたときに次は自分を守ってくれる
KIN 134	音 4	究極の集中力になると、そこにゆったりした時空間が広がり、必要なものをキャッチできる
KIN 135	音 5	来年は桜や月を見られないかもしれないという〝末期（まつご）の眼〟でみると見極めがつく
KIN 136	音 6	一行で千人を説得できるが、千行を費やせば1人をも説得できず。シンプルにわかりやすく
KIN 137	音 7	難題のない人生は〝無難な人生〟、難題のある人生は〝有り難い人生〟
KIN 138	音 8	半径1メートルの人から幸せにする。これが無限の広がりの始まり
KIN 139	音 9	惚れて通えば千里も1里。ワクワクドキドキは苦痛や面倒を超越する
KIN 140	音 10	言ったことを行い、行ったことを言えば万人の信頼あり。言行一致の者は環境を創造できる

ツォルキンカレンダー

20日間のポイント

頭で考えるよりも、心の反応にひたすら注目する

KIN141	音11	毎日の暮らしの中には、見つけ方次第で、小さな楽しみがいっぱい。時々視点を変えてみる
KIN142	音12	空気と光と心からの友人。これだけ残っていれば、またチャレンジできる
KIN143	音13	圧倒的な量をこなしながら極限まで質を追求する。とんでもない未来が待っている
KIN144	音1	〝気づき〟というものは、自分が持ち合わせた受け皿の寸法のものしか得られない
KIN145	音2	直感には邪念の入りようがない。精度の高い直感を忘れないように
KIN146	音3	〝人に寄り添える〟〝一緒にいて楽しい〟。これが相手のモチベーションを維持する秘訣
KIN147	音4	事実というものは存在せず、ただ解釈のみが存在する。前向きな解釈を
KIN148	音5	妥協、妥協と続くと、突破力を失う。心に強い意志をもつとゆとりも生まれる
KIN149	音6	悲観主義は気分や感情の影響で、楽観主義は意志そのものだという

KIN	音	メッセージ
KIN150	音7	自分の持ち場で一途に心を尽くすと、〝一隅を照らす人〟となる
KIN151	音8	〝心の動き〟に注目する。そこに焦点を当てながら、未来に現れる現実を自分がつくり出す
KIN152	音9	苦しみ、悩みに処することで人間が形成される。向き合い処してきた人がリーダーになる
KIN153	音10	確固たる志のある者は、どんな困難に遭遇してもくじけず、いつか必ず事を成し遂げる
KIN154	音11	誰も見ていないたった1人の場面が根っこを育む時間。その時間を軸によりよいサイクルを
KIN155	音12	高く飛ぶ鳥は矢に射られない。志も高尚なれば、人の誹謗賞賛より遠ざかる
KIN156	音13	〝努力〟以上に強力な力が〝夢中〟。努力と夢中は、行動は同じでも意識、感じ方がちがう
KIN157	音1	弱者に対する配慮を欠かさず、自分の持ち場で責任を果たし、周囲の期待に応えていく
KIN158	音2	熟考しても見えない場合は、断行すれば見えてくる。ときには大胆に断行を
KIN159	音3	辛いこと、苦しいことも自分の心を磨く砥石（といし）と思えば、闇が転じ、光に包まれる
KIN160	音4	裸の自分、素の自分、自分らしさ。それを意識すれば、本当の意味で平等に気づく

ツォルキンカレンダー

20日間のポイント

好奇心は人生に彩りを添え、生命力と影響力を高める

KIN161	音5	真実の想いを認（したた）めた手紙は愛の万能薬となる。真実ほど相手に伝わることはない
KIN162	音6	魂が震えるほど、好きなことのために走りまわると、拡大拡張のレールがしかれる
KIN163	音7	私たちが遭遇するすべての状況は、〝天から人への問いかけ〟ではないか
KIN164	音8	右手と左手が感応して拍手になり、右足と左足が感応して歩く。相手が感応するまで祈ろう
KIN165	音9	面白くないことを面白くできるか？　これができればアイデアが浮かび、協力につながる
KIN166	音10	自己コントロールし、節制する者は、心が整い、忍耐力を備えるようになる
KIN167	音11	〝だからこそ、できること〟。これはムリなくポジティブに変える魔法の言葉
KIN168	音12	柳に雪折れなし。やわらかく寛容な心で受け入れる。すると自分の軸がしっかり立つ
KIN169	音13	人は何にしびれるか？　こころの深い部分の振動によってその後の人生の流れが大きく変わる

KIN	音	メッセージ
KIN170	音1	信頼を積み重ねるには、正直であること、約束やルールを守ること、黙々と行動すること
KIN171	音2	一人ひとりとの関わり方を見直し、総点検、そして修正をかけていく
KIN172	音3	人生もきわまれば、奉仕の生活となる。その領域は吉凶を遥かに超える
KIN173	音4	〝知る〟ことは〝感じる〟ことの半分も重要ではない。〝感じる〟ことこそ栄養となる
KIN174	音5	〝センス・オブ・ワンダー〟（何でも不思議に感じる心をもつ）。この感覚を大切に
KIN175	音6	いま、自分が取り組んでいるテーマについて、研究と献身を重ね、世の誰よりも精通する
KIN176	音7	人生は食べたものと目にした言葉と出会った人でつくられていく
KIN177	音8	人を傷つける言葉はまず自分を傷つける。人を勇気づける言葉は自分を一番勇気づけていく
KIN178	音9	幸福のかけらは幾つでもある。ただそれを見つけ出すことが得手な人と不得手な人がいる
KIN179	音10	心の躍動を記すことで、それが人々を勇気づける作品になることもある
KIN180	音11	ごまかさない。かくさない。言い訳しない。これが自分の人生を創造できる人の鉄則

ツォルキンカレンダー

20日間のポイント

自分と向き合い対話すると、近未来の方向が示される

KIN181	音12	その時々の瞳の奥にある真意を察することができる人でありたい。よく観てよく聴く
KIN182	音13	純粋に、一途に、自分の気持ちを深く掘る。〝自分らしさ〟の一端が垣間見えてくる
KIN183	音1	豊かさは所有とは関係なく心の問題であり、宇宙や自然、そして人々とのつながりにある
KIN184	音2	言葉の意味や由来を調べてみる。奥行きの部分を知ると、喜びも深まる
KIN185	音3	嫌なことの周りには、まだまだ見落としている素敵なものがいっぱいある
KIN186	音4	思い浮かぶ〝ビジョン〟は、いつかそうなるという約束。いつか実現するという予言
KIN187	音5	自分を何かに捧げるとき、自分の知らない自分が稼働し、確実に形になる
KIN188	音6	接点を研究すると〝調和〟という感覚がわかる。光と闇、夜と朝、生と死など
KIN189	音7	良いことの裏にある〝注意すべきこと〟、悪いことの裏にある〝良いこと〟

KIN	音	メッセージ
KIN 190	音8	学べば学ぶほど、大切なことは〝シンプル〟になってくる
KIN 191	音9	人は荒波を突き抜けてこそ、歓喜の瞬間がやってくる
KIN 192	音10	地球が1回まわる間に、少しでも〝誰かのために〟を何か1つ行う。それが形となる
KIN 193	音11	チャレンジの中で、自分に磨きをかけ続けると、自分の魅力が表に出てくる
KIN 194	音12	失敗したら初めからやり直せばいい。そのたびにあなたは強くなり、魅力が加わるのだから
KIN 195	音13	他人がどう思うかではなく、自分が心の底から〝心地よい〟〝気持ちよい〟と感じる行動を
KIN 196	音1	金銭は人を横着者にし、権力は人を横暴にする。心に刻み律する
KIN 197	音2	可能だということを証明することより、不可能を証明する方がはるかに困難
KIN 198	音3	喜びは、自分を忘れることにある。〝無我〟〝忘我〟〝没我〟を身をもって体験する
KIN 199	音4	惚れ込んだことを深く掘り下げ、夢中になる。人生飛躍への助走が始まる
KIN 200	音5	責任をもち、精神的な自立ができると、自分や環境までも変えることが可能となる

ツォルキンカレンダー

20日間のポイント

見直し、修正、微調整の習慣で、活躍の舞台は広がる

KIN201	音6	つまずき、寄り道、回り道は財産になる。自分のペースでゆっくり進む
KIN202	音7	〝問い〟のアンテナを張る。自分にとって何が大事か？　など〝問い〟をノートに書き出す
KIN203	音8	寝食を忘れても取り組みたい自分にとっての〝幸せの種〟を見つけ出す
KIN204	音9	リスクを冒そうとしない人、未知の世界を旅しない人には人生のわずかな景色しか見えない
KIN205	音10	賢い人とは多くのことを知る人ではなく、大事なことを知る人である
KIN206	音11	自己鍛錬を遂行する。欲望のままに生きると、霊性と感性が低下し、本来の機能がマヒする
KIN207	音12	決して安易な手法を選ぶことなく、毎日地道な積み重ねをどこまでできるか
KIN208	音13	人は、自分と向き合う時間を確保できると、周りに対して寛容でいられる
KIN209	音1	人生を決めるのは、環境などではない。その人が、何を決意したか

KIN210	音2	隣の道など気にしないで、自分が歩いている道の中に幸せを探すこと
KIN211	音3	世間が必要としているものと、あなたの才能が交差しているところが天職
KIN212	音4	スタンダード（原則・基本）を極めた人間しか、突き抜けることはできない
KIN213	音5	自分にとって本当に大事な〝こと〟って？ 大切な〝ひと〟って？ この2つを問い続ける
KIN214	音6	山を登るルートは幾つもあるのだから、自分のやり方、成功体験を押しつけないこと
KIN215	音7	人はいつの時代も、また誰もが〝希望の匂いがする人〟を求めている
KIN216	音8	何事も善意に解釈する人は良友に恵まれる。解釈は自らの思考習慣そのもの
KIN217	音9	逆らうのではなく、従うのでもない。ただ波に乗ればいい
KIN218	音10	フォーカスしたものから多大な影響を受け振り回される。マイナスにフォーカスし過ぎない
KIN219	音11	時間の許す限り、とことんのめり込んで取り組む。そこで新しい何かをつかむ
KIN220	音12	異文化との共生がさまざまなコミュニティをスムーズに運営したり、人間関係を円滑にする秘訣

ツォルキンカレンダー

20日間のポイント

気持ちを語り合うことで心は落ち着き、余裕が生まれる

KIN221	音13	〝堪忍〟とは耐え忍ぶこと。勝手に打ち勝つこと。堪忍を貫くと、計り知れない恩寵がある
KIN222	音1	素晴らしい気分になると、磁場の力が楯を作り、否定的なものは一切入って来られなくなる
KIN223	音2	私は世界を強者と弱者、成功者と失敗者に分けるのではなく、学ぶ者と学ばない者に分ける
KIN224	音3	〝出る杭〟になる決意がなければ、世に影響を及ぼすことはできない
KIN225	音4	ノーストレスの環境は、成長を妨げる。適度なストレスを引き受けることは、向上の元
KIN226	音5	シンプルに生きる秘訣は、一気にすべてを解決するのではなく、1カ所から突破口を開く
KIN227	音6	圧倒的に複雑な仕事は、扱いやすい小さな仕事に分解し、最初の1つを始める
KIN228	音7	私たちはどんなときにも、自分が学び、成長を遂げるために、最適な場所にいる、と信じる
KIN229	音8	自分のミッションに生きようとすると、人生のステージは大きく変わる

KIN	音	メッセージ
KIN 230	音9	愛されていると確信している人間ほど、いくらでも大胆に行動できる
KIN 231	音10	人体37兆の細胞の内、毎日2％の7千4百億個が生まれ変わっている。日々新生、日々創造
KIN 232	音11	自分の役割（仕事）に対し、細部にまで徹底して心を向け、手をかける
KIN 233	音12	やると決めた道を一筋に歩む。そこに人間の器の大きさもふところの深さも備わってくる
KIN 234	音13	自らに与えられた環境を受け入れ、感受する。〝運命と和する〟
KIN 235	音1	幸も不幸もない。ただ考え方しだい。常に複眼で逆転の発想からも物事を見てみる
KIN 236	音2	あえて面倒なことを避けず、そこに飛び込むと、凡庸を脱する道が開ける
KIN 237	音3	自分の過去のつらい経験が、誰かの笑顔の手助けになることもある。自分の過去を肯定しよう
KIN 238	音4	辛酸をなめて人は真を得る。それゆえつらさを避けることなく受け入れる
KIN 239	音5	後悔すると心は重くなるが、真の反省をすると、たちまち心は軽くなる
KIN 240	音6	本当に重要なことはめったにない。それを見極める感性を身につける

ツォルキンカレンダー

20日間のポイント

終わりよければすべてよし。振り返りは未来の希望につながる

KIN	音	ポイント
KIN241	音7	言いたいことが〝10〟あるとすれば、それを〝1〟に絞って伝える。ポイントを伝える秘訣
KIN242	音8	〝共感〟は居場所をつくる。〝共感〟をするほうも、されるほうも〝思いやり〟が育まれる
KIN243	音9	考え方が心の底まで染み込んだとき、それは自分の内側から変える力となる
KIN244	音10	興味が続く限り、集中力は続くもの。興味、関心は人生をちがうものにする
KIN245	音11	結局は、身から出たサビと思うしかない。問題の種は、自分がまいている
KIN246	音12	信頼は、才より徳、学識よりも行動によって築かれていくもの
KIN247	音13	本当の親密さとは、心の奥底を分かち合いたいという気持ち。ここから自分の宇宙は広がる
KIN248	音1	他人の人格について語るときほど、自分の人格を露呈することになる
KIN249	音2	他人の意見で自分の本当の心の声を消してはならない。自分の直感を信じる勇気をもつ

KIN	音	メッセージ
KIN250	音3	自分が必要としていることではなく、世の中が必要としていることをやる
KIN251	音4	存分に味わいながら没頭して生きる。これが伸び伸び、精一杯生きること
KIN252	音5	仁は過ぎてもよいが義は過ぎてはいけない。正義は波乱の元ともなる
KIN253	音6	1人で静かに、ゆったりした自分の時間を愉しむ
KIN254	音7	無我夢中の中にこそ、人生の充実と喜びがある。我を忘れ、時間を忘れる世界へ
KIN255	音8	成功は千人のお陰、でも失敗は自分1人の責任……。こんな意識が依存心を吹き飛ばす
KIN256	音9	困難に際して、ひるまず、うろたえず、前進。困難のときは、自分自身と向き合う絶好の機会
KIN257	音10	自分だけの箴言(しんげん・戒めや教訓的言葉)をもてば、不安や寂しさを解消できる
KIN258	音11	不幸は本当の友人でない者を明らかにしてくれる。本当の友人に恵まれてこそ、豊かな人生
KIN259	音12	鏡を見て自分を知ったつもりでいる。だが本当に見なければならないのは〝自分の後ろ姿〟
KIN260	音13	夜空を見上げ、宇宙のエネルギーを全身に浴び、存分に感じ取る

おわりに

予期せぬところで「マヤ暦」という言葉をはじめて耳にしたのは、2004年10月8日のことでした。以来20年の付き合いになります。

マヤ暦を通じて「人としての〝あり方〟、あるいは〝生き方〟のポイントを知ることはできないだろうか？　しかも、各個人ごとに」と、これを問い続けてきました。その問いの影響か、これまで計り知れないほどの多くの気づき、そして数々の出逢いに恵まれ、喜びの多い幸せな日々を過ごしてきました。

幸せな人生の大きな目安として、極めて有効だと感じている問いがあります。それは、「もし生まれ変わっても今回と全く同じ人生でよいと心から思えるか？」というものです。家族、仕事や人間関係、コミュニティなど一切すべてです。

皆さんはいかがでしょう？

お陰さまで私は全く迷いなく「はい!!」と答えることができます。これまで関わってくださった皆さんのお陰にほかならないのですが……。

若い時分はこの問いはまだ早いかもしれません。この世でいう還暦（60歳）過ぎくらいからでいいかもしれません。

私自身も51歳のときに家内を病気で亡くし、最大の喪失感を体験してきましたし、幼い頃、父を事故で亡くし、それなりに悲しみや苦しみを味わってきました。悲しみや苦しみが私などのレベルでない方もたくさんおられることは重々承知しています。

ただ、このようにずっと幸せな日々に感謝していられるのもマヤ暦を土台として、あり方、生き方を勉強してきたことが最大の要因です。

ぜひ、この本と縁をもってくださった皆さんも、歳を重ねるにつれ、そのような境地に至っていただければ、これほど嬉しいことはありません。

深遠なるマヤ暦「銀河の音」の基本中の基本のみ記したのがこの本です。

物事は基本こそ、最も重要であり土台となるものです。これからマヤ暦の学びを深めていくと、銀河の音だけでも驚くほどの広がりと、重要な本質部分に切り込み、どんなことに対しても重要なヒントを受け取ることができると実感するでしょう。

新たな改訂版にあたり、日々が気づきの連続であり、銀河の音の無限の広がりと可能性、そして根底には、あまりにも深い愛とゆるしを全身に感じての執筆でした。

ここにＫＡＤＯＫＡＷＡで編集を担当してくださった清水静子さん、サポートしていただいた深谷恵美さんに心から感謝申し上げます。２人の支えなくしてこの本は世に出ていません。

また執筆にあたり、シンクロニシティ研究会のスタッフ、関係者の温かい配慮に深く感謝いたします。

読者の皆さんとの縁に、深い感謝を添えて

〈主な参考文献〉

『新版マヤン・ファクター』ホゼ・アグエイアス　２００８年　三五館
『マヤン・オラクル――星に還る道――』アリエル・スピルスバリー、マイケル・プランナー　２００９年　ナチュラルスピリット
『古代マヤ暦の暗号』メムノシス・Jr.　２００７年　ぶんか社
『マヤ文明の謎』青木晴夫　１９８４年　講談社現代新書
『マヤの預言』A・ギルバート、M・コットレル　１９９７年　凱風社
『マヤ文明』ポール・ジャンドロ　１９８１年　白水社
『新しい時間の発見』ホゼ&ロイディーン・アグエイアス　１９９７年　風雲舎
『アナスタシア』ウラジーミル・メグレ　２０１２年　ナチュラルスピリット
『響きわたるシベリア杉』ウラジーミル・メグレ　２０１４年　ナチュラルスピリット
『愛の空間』ウラジーミル・メグレ　２０１４年　ナチュラルスピリット
『共同の創造』ウラジーミル・メグレ　２０１４年　評論社
『新約聖書Ⅰ』佐藤　優　２０１０年　文春新書
『新約聖書Ⅱ』佐藤　優　２０１０年　文春新書
『神との対話　25のコア・メッセージ』ニール・ドナルド・ウォルシュ　２０１５年　サンマーク出版
『夢をつなぐ』山崎直子　２０１０年　KADOKAWA
『「迷子」のすすめ』阿　純章　２０１４年　春秋社
『奇跡の脳』ジル・ボルト・テイラー　２００９年　新潮社
『大局観』羽生善治　２０１１年　KADOKAWA
『潜在意識をとことん使いこなす』C・ジェームス・ジェンセン　２０１５年　サンマーク出版
『２０１２年の黙示録』なわ・ふみひと　２００４年　たま出版
『「臨死体験」が教えてくれた宇宙の仕組み』木内鶴彦　２０１４年　晋遊舎

	𝋥	𝋦	𝋧	𝋨	𝋩	𝋪	𝋫	𝋬	𝋭
	81	101	121	141	161	181	201	221	241
	82	102	122	142	162	182	202	222	242
	83	103	123	143	163	183	203	223	243
	84	104	124	144	164	184	204	224	244
	85	105	125	145	165	185	205	225	245
	86	106	126	146	166	186	206	226	246
	87	107	127	147	167	187	207	227	247
	88	108	128	148	168	188	208	228	248
	89	109	129	149	169	189	209	229	249
	90	110	130	150	170	190	210	230	250
	91	111	131	151	171	191	211	231	251
	92	112	132	152	172	192	212	232	252
	93	113	133	153	173	193	213	233	253
	94	114	134	154	174	194	214	234	254
	95	115	135	155	175	195	215	235	255
	96	116	136	156	176	196	216	236	256
	97	117	137	157	177	197	217	237	257
	98	118	138	158	178	198	218	238	258
	99	119	139	159	179	199	219	239	259
	100	120	140	160	180	200	220	240	260

運命数（KINナンバー）の上のマヤ数字が「銀河の音」を示す

列の音 / 太陽の紋章	•	••	•••	••••
赤い龍	1	21	41	61
白い風	2	22	42	62
青い夜	3	23	43	63
黄色い種	4	24	44	64
赤い蛇	5	25	45	65
白い世界の橋渡し	6	26	46	66
青い手	7	27	47	67
黄色い星	8	28	48	68
赤い月	9	29	49	69
白い犬	10	30	50	70
青い猿	11	31	51	71
黄色い人	12	32	52	72
赤い空歩く人	13	33	53	73
白い魔法使い	14	34	54	74
青い鷲	15	35	55	75
黄色い戦士	16	36	56	76
赤い地球	17	37	57	77
白い鏡	18	38	58	78
青い嵐	19	39	59	79
黄色い太陽	20	40	60	80

▶1910・1962・2014年

	1月	2月	3月	4月	5月	6月	7月	8月	9月	10月	11月	12月
1	63	94	122	153	183	214	244	15	46	76	107	137
2	64	95	123	154	184	215	245	16	47	77	108	138
3	65	96	124	155	185	216	246	17	48	78	109	139
4	66	97	125	156	186	217	247	18	49	79	110	140
5	67	98	126	157	187	218	248	19	50	80	111	141
6	68	99	127	158	188	219	249	20	51	81	112	142
7	69	100	128	159	189	220	250	21	52	82	113	143
8	70	101	129	160	190	221	251	22	53	83	114	144
9	71	102	130	161	191	222	252	23	54	84	115	145
10	72	103	131	162	192	223	253	24	55	85	116	146
11	73	104	132	163	193	224	254	25	56	86	117	147
12	74	105	133	164	194	225	255	26	57	87	118	148
13	75	106	134	165	195	226	256	27	58	88	119	149
14	76	107	135	166	196	227	257	28	59	89	120	150
15	77	108	136	167	197	228	258	29	60	90	121	151
16	78	109	137	168	198	229	259	30	61	91	122	152
17	79	110	138	169	199	230	260	31	62	92	123	153
18	80	111	139	170	200	231	1	32	63	93	124	154
19	81	112	140	171	201	232	2	33	64	94	125	155
20	82	113	141	172	202	233	3	34	65	95	126	156
21	83	114	142	173	203	234	4	35	66	96	127	157
22	84	115	143	174	204	235	5	36	67	97	128	158
23	85	116	144	175	205	236	6	37	68	98	129	159
24	86	117	145	176	206	237	7	38	69	99	130	160
25	87	118	146	177	207	238	8	39	70	100	131	161
26	88	119	147	178	208	239	9	40	71	101	132	162
27	89	120	148	179	209	240	10	41	72	102	133	163
28	90	121	149	180	210	241	11	42	73	103	134	164
29	91		150	181	211	242	12	43	74	104	135	165
30	92		151	182	212	243	13	44	75	105	136	166
31	93		152		213		14	45		106		167

▶1911・1963・2015年

	1月	2月	3月	4月	5月	6月	7月	8月	9月	10月	11月	12月
1	168	199	227	258	28	59	89	120	151	181	212	242
2	169	200	228	259	29	60	90	121	152	182	213	243
3	170	201	229	260	30	61	91	122	153	183	214	244
4	171	202	230	1	31	62	92	123	154	184	215	245
5	172	203	231	2	32	63	93	124	155	185	216	246
6	173	204	232	3	33	64	94	125	156	186	217	247
7	174	205	233	4	34	65	95	126	157	187	218	248
8	175	206	234	5	35	66	96	127	158	188	219	249
9	176	207	235	6	36	67	97	128	159	189	220	250
10	177	208	236	7	37	68	98	129	160	190	221	251
11	178	209	237	8	38	69	99	130	161	191	222	252
12	179	210	238	9	39	70	100	131	162	192	223	253
13	180	211	239	10	40	71	101	132	163	193	224	254
14	181	212	240	11	41	72	102	133	164	194	225	255
15	182	213	241	12	42	73	103	134	165	195	226	256
16	183	214	242	13	43	74	104	135	166	196	227	257
17	184	215	243	14	44	75	105	136	167	197	228	258
18	185	216	244	15	45	76	106	137	168	198	229	259
19	186	217	245	16	46	77	107	138	169	199	230	260
20	187	218	246	17	47	78	108	139	170	200	231	1
21	188	219	247	18	48	79	109	140	171	201	232	2
22	189	220	248	19	49	80	110	141	172	202	233	3
23	190	221	249	20	50	81	111	142	173	203	234	4
24	191	222	250	21	51	82	112	143	174	204	235	5
25	192	223	251	22	52	83	113	144	175	205	236	6
26	193	224	252	23	53	84	114	145	176	206	237	7
27	194	225	253	24	54	85	115	146	177	207	238	8
28	195	226	254	25	55	86	116	147	178	208	239	9
29	196		255	26	56	87	117	148	179	209	240	10
30	197		256	27	57	88	118	149	180	210	241	11
31	198		257		58		119	150		211		12

▶1912・1964・2016年

	1月	2月	3月	4月	5月	6月	7月	8月	9月	10月	11月	12月
1	13	44	73	103	133	164	194	225	256	26	57	87
2	14	45	74	104	134	165	195	226	257	27	58	88
3	15	46	75	105	135	166	196	227	258	28	59	89
4	16	47	76	106	136	167	197	228	259	29	60	90
5	17	48	77	107	137	168	198	229	260	30	61	91
6	18	49	78	108	138	169	199	230	1	31	62	92
7	19	50	79	109	139	170	200	231	2	32	63	93
8	20	51	80	110	140	171	201	232	3	33	64	94
9	21	52	81	111	141	172	202	233	4	34	65	95
10	22	53	82	112	142	173	203	234	5	35	66	96
11	23	54	83	113	143	174	204	235	6	36	67	97
12	24	55	84	114	144	175	205	236	7	37	68	98
13	25	56	85	115	145	176	206	237	8	38	69	99
14	26	57	86	116	146	177	207	238	9	39	70	100
15	27	58	87	117	147	178	208	239	10	40	71	101
16	28	59	88	118	148	179	209	240	11	41	72	102
17	29	60	89	119	149	180	210	241	12	42	73	103
18	30	61	90	120	150	181	211	242	13	43	74	104
19	31	62	91	121	151	182	212	243	14	44	75	105
20	32	63	92	122	152	183	213	244	15	45	76	106
21	33	64	93	123	153	184	214	245	16	46	77	107
22	34	65	94	124	154	185	215	246	17	47	78	108
23	35	66	95	125	155	186	216	247	18	48	79	109
24	36	67	96	126	156	187	217	248	19	49	80	110
25	37	68	97	127	157	188	218	249	20	50	81	111
26	38	69	98	128	158	189	219	250	21	51	82	112
27	39	70	99	129	159	190	220	251	22	52	83	113
28	40	71	100	130	160	191	221	252	23	53	84	114
29	41	72	101	131	161	192	222	253	24	54	85	115
30	42		102	132	162	193	223	254	25	55	86	116
31	43		103		163		224	255		56		117

▶1913・1965・2017年

	1月	2月	3月	4月	5月	6月	7月	8月	9月	10月	11月	12月
1	118	149	177	208	238	9	39	70	101	131	162	192
2	119	150	178	209	239	10	40	71	102	132	163	193
3	120	151	179	210	240	11	41	72	103	133	164	194
4	121	152	180	211	241	12	42	73	104	134	165	195
5	122	153	181	212	242	13	43	74	105	135	166	196
6	123	154	182	213	243	14	44	75	106	136	167	197
7	124	155	183	214	244	15	45	76	107	137	168	198
8	125	156	184	215	245	16	46	77	108	138	169	199
9	126	157	185	216	246	17	47	78	109	139	170	200
10	127	158	186	217	247	18	48	79	110	140	171	201
11	128	159	187	218	248	19	49	80	111	141	172	202
12	129	160	188	219	249	20	50	81	112	142	173	203
13	130	161	189	220	250	21	51	82	113	143	174	204
14	131	162	190	221	251	22	52	83	114	144	175	205
15	132	163	191	222	252	23	53	84	115	145	176	206
16	133	164	192	223	253	24	54	85	116	146	177	207
17	134	165	193	224	254	25	55	86	117	147	178	208
18	135	166	194	225	255	26	56	87	118	148	179	209
19	136	167	195	226	256	27	57	88	119	149	180	210
20	137	168	196	227	257	28	58	89	120	150	181	211
21	138	169	197	228	258	29	59	90	121	151	182	212
22	139	170	198	229	259	30	60	91	122	152	183	213
23	140	171	199	230	260	31	61	92	123	153	184	214
24	141	172	200	231	1	32	62	93	124	154	185	215
25	142	173	201	232	2	33	63	94	125	155	186	216
26	143	174	202	233	3	34	64	95	126	156	187	217
27	144	175	203	234	4	35	65	96	127	157	188	218
28	145	176	204	235	5	36	66	97	128	158	189	219
29	146		205	236	6	37	67	98	129	159	190	220
30	147		206	237	7	38	68	99	130	160	191	221
31	148		207		8		69	100		161		222

▶1914・1966・2018年

	1月	2月	3月	4月	5月	6月	7月	8月	9月	10月	11月	12月
1	223	254	22	53	83	114	144	175	206	236	7	37
2	224	255	23	54	84	115	145	176	207	237	8	38
3	225	256	24	55	85	116	146	177	208	238	9	39
4	226	257	25	56	86	117	147	178	209	239	10	40
5	227	258	26	57	87	118	148	179	210	240	11	41
6	228	259	27	58	88	119	149	180	211	241	12	42
7	229	260	28	59	89	120	150	181	212	242	13	43
8	230	1	29	60	90	121	151	182	213	243	14	44
9	231	2	30	61	91	122	152	183	214	244	15	45
10	232	3	31	62	92	123	153	184	215	245	16	46
11	233	4	32	63	93	124	154	185	216	246	17	47
12	234	5	33	64	94	125	155	186	217	247	18	48
13	235	6	34	65	95	126	156	187	218	248	19	49
14	236	7	35	66	96	127	157	188	219	249	20	50
15	237	8	36	67	97	128	158	189	220	250	21	51
16	238	9	37	68	98	129	159	190	221	251	22	52
17	239	10	38	69	99	130	160	191	222	252	23	53
18	240	11	39	70	100	131	161	192	223	253	24	54
19	241	12	40	71	101	132	162	193	224	254	25	55
20	242	13	41	72	102	133	163	194	225	255	26	56
21	243	14	42	73	103	134	164	195	226	256	27	57
22	244	15	43	74	104	135	165	196	227	257	28	58
23	245	16	44	75	105	136	166	197	228	258	29	59
24	246	17	45	76	106	137	167	198	229	259	30	60
25	247	18	46	77	107	138	168	199	230	260	31	61
26	248	19	47	78	108	139	169	200	231	1	32	62
27	249	20	48	79	109	140	170	201	232	2	33	63
28	250	21	49	80	110	141	171	202	233	3	34	64
29	251		50	81	111	142	172	203	234	4	35	65
30	252		51	82	112	143	173	204	235	5	36	66
31	253		52		113		174	205		6		67

▶1915・1967・2019年

	1月	2月	3月	4月	5月	6月	7月	8月	9月	10月	11月	12月
1	68	99	127	158	188	219	249	20	51	81	112	142
2	69	100	128	159	189	220	250	21	52	82	113	143
3	70	101	129	160	190	221	251	22	53	83	114	144
4	71	102	130	161	191	222	252	23	54	84	115	145
5	72	103	131	162	192	223	253	24	55	85	116	146
6	73	104	132	163	193	224	254	25	56	86	117	147
7	74	105	133	164	194	225	255	26	57	87	118	148
8	75	106	134	165	195	226	256	27	58	88	119	149
9	76	107	135	166	196	227	257	28	59	89	120	150
10	77	108	136	167	197	228	258	29	60	90	121	151
11	78	109	137	168	198	229	259	30	61	91	122	152
12	79	110	138	169	199	230	260	31	62	92	123	153
13	80	111	139	170	200	231	1	32	63	93	124	154
14	81	112	140	171	201	232	2	33	64	94	125	155
15	82	113	141	172	202	233	3	34	65	95	126	156
16	83	114	142	173	203	234	4	35	66	96	127	157
17	84	115	143	174	204	235	5	36	67	97	128	158
18	85	116	144	175	205	236	6	37	68	98	129	159
19	86	117	145	176	206	237	7	38	69	99	130	160
20	87	118	146	177	207	238	8	39	70	100	131	161
21	88	119	147	178	208	239	9	40	71	101	132	162
22	89	120	148	179	209	240	10	41	72	102	133	163
23	90	121	149	180	210	241	11	42	73	103	134	164
24	91	122	150	181	211	242	12	43	74	104	135	165
25	92	123	151	182	212	243	13	44	75	105	136	166
26	93	124	152	183	213	244	14	45	76	106	137	167
27	94	125	153	184	214	245	15	46	77	107	138	168
28	95	126	154	185	215	246	16	47	78	108	139	169
29	96		155	186	216	247	17	48	79	109	140	170
30	97		156	187	217	248	18	49	80	110	141	171
31	98		157		218		19	50		111		172

▶1916・1968・2020年

	1月	2月	3月	4月	5月	6月	7月	8月	9月	10月	11月	12月
1	173	204	233	3	33	64	94	125	156	186	217	247
2	174	205	234	4	34	65	95	126	157	187	218	248
3	175	206	235	5	35	66	96	127	158	188	219	249
4	176	207	236	6	36	67	97	128	159	189	220	250
5	177	208	237	7	37	68	98	129	160	190	221	251
6	178	209	238	8	38	69	99	130	161	191	222	252
7	179	210	239	9	39	70	100	131	162	192	223	253
8	180	211	240	10	40	71	101	132	163	193	224	254
9	181	212	241	11	41	72	102	133	164	194	225	255
10	182	213	242	12	42	73	103	134	165	195	226	256
11	183	214	243	13	43	74	104	135	166	196	227	257
12	184	215	244	14	44	75	105	136	167	197	228	258
13	185	216	245	15	45	76	106	137	168	198	229	259
14	186	217	246	16	46	77	107	138	169	199	230	260
15	187	218	247	17	47	78	108	139	170	200	231	1
16	188	219	248	18	48	79	109	140	171	201	232	2
17	189	220	249	19	49	80	110	141	172	202	233	3
18	190	221	250	20	50	81	111	142	173	203	234	4
19	191	222	251	21	51	82	112	143	174	204	235	5
20	192	223	252	22	52	83	113	144	175	205	236	6
21	193	224	253	23	53	84	114	145	176	206	237	7
22	194	225	254	24	54	85	115	146	177	207	238	8
23	195	226	255	25	55	86	116	147	178	208	239	9
24	196	227	256	26	56	87	117	148	179	209	240	10
25	197	228	257	27	57	88	118	149	180	210	241	11
26	198	229	258	28	58	89	119	150	181	211	242	12
27	199	230	259	29	59	90	120	151	182	212	243	13
28	200	231	260	30	60	91	121	152	183	213	244	14
29	201	232	1	31	61	92	122	153	184	214	245	15
30	202		2	32	62	93	123	154	185	215	246	16
31	203		3		63		124	155		216		17

▶1917・1969・2021年

	1月	2月	3月	4月	5月	6月	7月	8月	9月	10月	11月	12月
1	18	49	77	108	138	169	199	230	1	31	62	92
2	19	50	78	109	139	170	200	231	2	32	63	93
3	20	51	79	110	140	171	201	232	3	33	64	94
4	21	52	80	111	141	172	202	233	4	34	65	95
5	22	53	81	112	142	173	203	234	5	35	66	96
6	23	54	82	113	143	174	204	235	6	36	67	97
7	24	55	83	114	144	175	205	236	7	37	68	98
8	25	56	84	115	145	176	206	237	8	38	69	99
9	26	57	85	116	146	177	207	238	9	39	70	100
10	27	58	86	117	147	178	208	239	10	40	71	101
11	28	59	87	118	148	179	209	240	11	41	72	102
12	29	60	88	119	149	180	210	241	12	42	73	103
13	30	61	89	120	150	181	211	242	13	43	74	104
14	31	62	90	121	151	182	212	243	14	44	75	105
15	32	63	91	122	152	183	213	244	15	45	76	106
16	33	64	92	123	153	184	214	245	16	46	77	107
17	34	65	93	124	154	185	215	246	17	47	78	108
18	35	66	94	125	155	186	216	247	18	48	79	109
19	36	67	95	126	156	187	217	248	19	49	80	110
20	37	68	96	127	157	188	218	249	20	50	81	111
21	38	69	97	128	158	189	219	250	21	51	82	112
22	39	70	98	129	159	190	220	251	22	52	83	113
23	40	71	99	130	160	191	221	252	23	53	84	114
24	41	72	100	131	161	192	222	253	24	54	85	115
25	42	73	101	132	162	193	223	254	25	55	86	116
26	43	74	102	133	163	194	224	255	26	56	87	117
27	44	75	103	134	164	195	225	256	27	57	88	118
28	45	76	104	135	165	196	226	257	28	58	89	119
29	46		105	136	166	197	227	258	29	59	90	120
30	47		106	137	167	198	228	259	30	60	91	121
31	48		107		168		229	260		61		122

▶1918・1970・2022年

	1月	2月	3月	4月	5月	6月	7月	8月	9月	10月	11月	12月
1	123	154	182	213	243	14	44	75	106	136	167	197
2	124	155	183	214	244	15	45	76	107	137	168	198
3	125	156	184	215	245	16	46	77	108	138	169	199
4	126	157	185	216	246	17	47	78	109	139	170	200
5	127	158	186	217	247	18	48	79	110	140	171	201
6	128	159	187	218	248	19	49	80	111	141	172	202
7	129	160	188	219	249	20	50	81	112	142	173	203
8	130	161	189	220	250	21	51	82	113	143	174	204
9	131	162	190	221	251	22	52	83	114	144	175	205
10	132	163	191	222	252	23	53	84	115	145	176	206
11	133	164	192	223	253	24	54	85	116	146	177	207
12	134	165	193	224	254	25	55	86	117	147	178	208
13	135	166	194	225	255	26	56	87	118	148	179	209
14	136	167	195	226	256	27	57	88	119	149	180	210
15	137	168	196	227	257	28	58	89	120	150	181	211
16	138	169	197	228	258	29	59	90	121	151	182	212
17	139	170	198	229	259	30	60	91	122	152	183	213
18	140	171	199	230	260	31	61	92	123	153	184	214
19	141	172	200	231	1	32	62	93	124	154	185	215
20	142	173	201	232	2	33	63	94	125	155	186	216
21	143	174	202	233	3	34	64	95	126	156	187	217
22	144	175	203	234	4	35	65	96	127	157	188	218
23	145	176	204	235	5	36	66	97	128	158	189	219
24	146	177	205	236	6	37	67	98	129	159	190	220
25	147	178	206	237	7	38	68	99	130	160	191	221
26	148	179	207	238	8	39	69	100	131	161	192	222
27	149	180	208	239	9	40	70	101	132	162	193	223
28	150	181	209	240	10	41	71	102	133	163	194	224
29	151		210	241	11	42	72	103	134	164	195	225
30	152		211	242	12	43	73	104	135	165	196	226
31	153		212		13		74	105		166		227

▶1919・1971・2023年

	1月	2月	3月	4月	5月	6月	7月	8月	9月	10月	11月	12月
1	228	259	27	58	88	119	149	180	211	241	12	42
2	229	260	28	59	89	120	150	181	212	242	13	43
3	230	1	29	60	90	121	151	182	213	243	14	44
4	231	2	30	61	91	122	152	183	214	244	15	45
5	232	3	31	62	92	123	153	184	215	245	16	46
6	233	4	32	63	93	124	154	185	216	246	17	47
7	234	5	33	64	94	125	155	186	217	247	18	48
8	235	6	34	65	95	126	156	187	218	248	19	49
9	236	7	35	66	96	127	157	188	219	249	20	50
10	237	8	36	67	97	128	158	189	220	250	21	51
11	238	9	37	68	98	129	159	190	221	251	22	52
12	239	10	38	69	99	130	160	191	222	252	23	53
13	240	11	39	70	100	131	161	192	223	253	24	54
14	241	12	40	71	101	132	162	193	224	254	25	55
15	242	13	41	72	102	133	163	194	225	255	26	56
16	243	14	42	73	103	134	164	195	226	256	27	57
17	244	15	43	74	104	135	165	196	227	257	28	58
18	245	16	44	75	105	136	166	197	228	258	29	59
19	246	17	45	76	106	137	167	198	229	259	30	60
20	247	18	46	77	107	138	168	199	230	260	31	61
21	248	19	47	78	108	139	169	200	231	1	32	62
22	249	20	48	79	109	140	170	201	232	2	33	63
23	250	21	49	80	110	141	171	202	233	3	34	64
24	251	22	50	81	111	142	172	203	234	4	35	65
25	252	23	51	82	112	143	173	204	235	5	36	66
26	253	24	52	83	113	144	174	205	236	6	37	67
27	254	25	53	84	114	145	175	206	237	7	38	68
28	255	26	54	85	115	146	176	207	238	8	39	69
29	256		55	86	116	147	177	208	239	9	40	70
30	257		56	87	117	148	178	209	240	10	41	71
31	258		57		118		179	210		11		72

▶1920・1972・2024年

	1月	2月	3月	4月	5月	6月	7月	8月	9月	10月	11月	12月
1	73	104	133	163	193	224	254	25	56	86	117	147
2	74	105	134	164	194	225	255	26	57	87	118	148
3	75	106	135	165	195	226	256	27	58	88	119	149
4	76	107	136	166	196	227	257	28	59	89	120	150
5	77	108	137	167	197	228	258	29	60	90	121	151
6	78	109	138	168	198	229	259	30	61	91	122	152
7	79	110	139	169	199	230	260	31	62	92	123	153
8	80	111	140	170	200	231	1	32	63	93	124	154
9	81	112	141	171	201	232	2	33	64	94	125	155
10	82	113	142	172	202	233	3	34	65	95	126	156
11	83	114	143	173	203	234	4	35	66	96	127	157
12	84	115	144	174	204	235	5	36	67	97	128	158
13	85	116	145	175	205	236	6	37	68	98	129	159
14	86	117	146	176	206	237	7	38	69	99	130	160
15	87	118	147	177	207	238	8	39	70	100	131	161
16	88	119	148	178	208	239	9	40	71	101	132	162
17	89	120	149	179	209	240	10	41	72	102	133	163
18	90	121	150	180	210	241	11	42	73	103	134	164
19	91	122	151	181	211	242	12	43	74	104	135	165
20	92	123	152	182	212	243	13	44	75	105	136	166
21	93	124	153	183	213	244	14	45	76	106	137	167
22	94	125	154	184	214	245	15	46	77	107	138	168
23	95	126	155	185	215	246	16	47	78	108	139	169
24	96	127	156	186	216	247	17	48	79	109	140	170
25	97	128	157	187	217	248	18	49	80	110	141	171
26	98	129	158	188	218	249	19	50	81	111	142	172
27	99	130	159	189	219	250	20	51	82	112	143	173
28	100	131	160	190	220	251	21	52	83	113	144	174
29	101	132	161	191	221	252	22	53	84	114	145	175
30	102		162	192	222	253	23	54	85	115	146	176
31	103		163		223		24	55		116		177

▶1921・1973・2025年

	1月	2月	3月	4月	5月	6月	7月	8月	9月	10月	11月	12月
1	178	209	237	8	38	69	99	130	161	191	222	252
2	179	210	238	9	39	70	100	131	162	192	223	253
3	180	211	239	10	40	71	101	132	163	193	224	254
4	181	212	240	11	41	72	102	133	164	194	225	255
5	182	213	241	12	42	73	103	134	165	195	226	256
6	183	214	242	13	43	74	104	135	166	196	227	257
7	184	215	243	14	44	75	105	136	167	197	228	258
8	185	216	244	15	45	76	106	137	168	198	229	259
9	186	217	245	16	46	77	107	138	169	199	230	260
10	187	218	246	17	47	78	108	139	170	200	231	1
11	188	219	247	18	48	79	109	140	171	201	232	2
12	189	220	248	19	49	80	110	141	172	202	233	3
13	190	221	249	20	50	81	111	142	173	203	234	4
14	191	222	250	21	51	82	112	143	174	204	235	5
15	192	223	251	22	52	83	113	144	175	205	236	6
16	193	224	252	23	53	84	114	145	176	206	237	7
17	194	225	253	24	54	85	115	146	177	207	238	8
18	195	226	254	25	55	86	116	147	178	208	239	9
19	196	227	255	26	56	87	117	148	179	209	240	10
20	197	228	256	27	57	88	118	149	180	210	241	11
21	198	229	257	28	58	89	119	150	181	211	242	12
22	199	230	258	29	59	90	120	151	182	212	243	13
23	200	231	259	30	60	91	121	152	183	213	244	14
24	201	232	260	31	61	92	122	153	184	214	245	15
25	202	233	1	32	62	93	123	154	185	215	246	16
26	203	234	2	33	63	94	124	155	186	216	247	17
27	204	235	3	34	64	95	125	156	187	217	248	18
28	205	236	4	35	65	96	126	157	188	218	249	19
29	206		5	36	66	97	127	158	189	219	250	20
30	207		6	37	67	98	128	159	190	220	251	21
31	208		7		68		129	160		221		22

▶1922・1974・2026年

	1月	2月	3月	4月	5月	6月	7月	8月	9月	10月	11月	12月
1	23	54	82	113	143	174	204	235	6	36	67	97
2	24	55	83	114	144	175	205	236	7	37	68	98
3	25	56	84	115	145	176	206	237	8	38	69	99
4	26	57	85	116	146	177	207	238	9	39	70	100
5	27	58	86	117	147	178	208	239	10	40	71	101
6	28	59	87	118	148	179	209	240	11	41	72	102
7	29	60	88	119	149	180	210	241	12	42	73	103
8	30	61	89	120	150	181	211	242	13	43	74	104
9	31	62	90	121	151	182	212	243	14	44	75	105
10	32	63	91	122	152	183	213	244	15	45	76	106
11	33	64	92	123	153	184	214	245	16	46	77	107
12	34	65	93	124	154	185	215	246	17	47	78	108
13	35	66	94	125	155	186	216	247	18	48	79	109
14	36	67	95	126	156	187	217	248	19	49	80	110
15	37	68	96	127	157	188	218	249	20	50	81	111
16	38	69	97	128	158	189	219	250	21	51	82	112
17	39	70	98	129	159	190	220	251	22	52	83	113
18	40	71	99	130	160	191	221	252	23	53	84	114
19	41	72	100	131	161	192	222	253	24	54	85	115
20	42	73	101	132	162	193	223	254	25	55	86	116
21	43	74	102	133	163	194	224	255	26	56	87	117
22	44	75	103	134	164	195	225	256	27	57	88	118
23	45	76	104	135	165	196	226	257	28	58	89	119
24	46	77	105	136	166	197	227	258	29	59	90	120
25	47	78	106	137	167	198	228	259	30	60	91	121
26	48	79	107	138	168	199	229	260	31	61	92	122
27	49	80	108	139	169	200	230	1	32	62	93	123
28	50	81	109	140	170	201	231	2	33	63	94	124
29	51		110	141	171	202	232	3	34	64	95	125
30	52		111	142	172	203	233	4	35	65	96	126
31	53		112		173		234	5		66		127

▶1923・1975・2027年

	1月	2月	3月	4月	5月	6月	7月	8月	9月	10月	11月	12月
1	128	159	187	218	248	19	49	80	111	141	172	202
2	129	160	188	219	249	20	50	81	112	142	173	203
3	130	161	189	220	250	21	51	82	113	143	174	204
4	131	162	190	221	251	22	52	83	114	144	175	205
5	132	163	191	222	252	23	53	84	115	145	176	206
6	133	164	192	223	253	24	54	85	116	146	177	207
7	134	165	193	224	254	25	55	86	117	147	178	208
8	135	166	194	225	255	26	56	87	118	148	179	209
9	136	167	195	226	256	27	57	88	119	149	180	210
10	137	168	196	227	257	28	58	89	120	150	181	211
11	138	169	197	228	258	29	59	90	121	151	182	212
12	139	170	198	229	259	30	60	91	122	152	183	213
13	140	171	199	230	260	31	61	92	123	153	184	214
14	141	172	200	231	1	32	62	93	124	154	185	215
15	142	173	201	232	2	33	63	94	125	155	186	216
16	143	174	202	233	3	34	64	95	126	156	187	217
17	144	175	203	234	4	35	65	96	127	157	188	218
18	145	176	204	235	5	36	66	97	128	158	189	219
19	146	177	205	236	6	37	67	98	129	159	190	220
20	147	178	206	237	7	38	68	99	130	160	191	221
21	148	179	207	238	8	39	69	100	131	161	192	222
22	149	180	208	239	9	40	70	101	132	162	193	223
23	150	181	209	240	10	41	71	102	133	163	194	224
24	151	182	210	241	11	42	72	103	134	164	195	225
25	152	183	211	242	12	43	73	104	135	165	196	226
26	153	184	212	243	13	44	74	105	136	166	197	227
27	154	185	213	244	14	45	75	106	137	167	198	228
28	155	186	214	245	15	46	76	107	138	168	199	229
29	156		215	246	16	47	77	108	139	169	200	230
30	157		216	247	17	48	78	109	140	170	201	231
31	158		217		18		79	110		171		232

▶1924・1976・2028年

	1月	2月	3月	4月	5月	6月	7月	8月	9月	10月	11月	12月
1	233	4	33	63	93	124	154	185	216	246	17	47
2	234	5	34	64	94	125	155	186	217	247	18	48
3	235	6	35	65	95	126	156	187	218	248	19	49
4	236	7	36	66	96	127	157	188	219	249	20	50
5	237	8	37	67	97	128	158	189	220	250	21	51
6	238	9	38	68	98	129	159	190	221	251	22	52
7	239	10	39	69	99	130	160	191	222	252	23	53
8	240	11	40	70	100	131	161	192	223	253	24	54
9	241	12	41	71	101	132	162	193	224	254	25	55
10	242	13	42	72	102	133	163	194	225	255	26	56
11	243	14	43	73	103	134	164	195	226	256	27	57
12	244	15	44	74	104	135	165	196	227	257	28	58
13	245	16	45	75	105	136	166	197	228	258	29	59
14	246	17	46	76	106	137	167	198	229	259	30	60
15	247	18	47	77	107	138	168	199	230	260	31	61
16	248	19	48	78	108	139	169	200	231	1	32	62
17	249	20	49	79	109	140	170	201	232	2	33	63
18	250	21	50	80	110	141	171	202	233	3	34	64
19	251	22	51	81	111	142	172	203	234	4	35	65
20	252	23	52	82	112	143	173	204	235	5	36	66
21	253	24	53	83	113	144	174	205	236	6	37	67
22	254	25	54	84	114	145	175	206	237	7	38	68
23	255	26	55	85	115	146	176	207	238	8	39	69
24	256	27	56	86	116	147	177	208	239	9	40	70
25	257	28	57	87	117	148	178	209	240	10	41	71
26	258	29	58	88	118	149	179	210	241	11	42	72
27	259	30	59	89	119	150	180	211	242	12	43	73
28	260	31	60	90	120	151	181	212	243	13	44	74
29	1	32	61	91	121	152	182	213	244	14	45	75
30	2		62	92	122	153	183	214	245	15	46	76
31	3		63		123		184	215		16		77

▶1925・1977・2029年

	1月	2月	3月	4月	5月	6月	7月	8月	9月	10月	11月	12月
1	78	109	137	168	198	229	259	30	61	91	122	152
2	79	110	138	169	199	230	260	31	62	92	123	153
3	80	111	139	170	200	231	1	32	63	93	124	154
4	81	112	140	171	201	232	2	33	64	94	125	155
5	82	113	141	172	202	233	3	34	65	95	126	156
6	83	114	142	173	203	234	4	35	66	96	127	157
7	84	115	143	174	204	235	5	36	67	97	128	158
8	85	116	144	175	205	236	6	37	68	98	129	159
9	86	117	145	176	206	237	7	38	69	99	130	160
10	87	118	146	177	207	238	8	39	70	100	131	161
11	88	119	147	178	208	239	9	40	71	101	132	162
12	89	120	148	179	209	240	10	41	72	102	133	163
13	90	121	149	180	210	241	11	42	73	103	134	164
14	91	122	150	181	211	242	12	43	74	104	135	165
15	92	123	151	182	212	243	13	44	75	105	136	166
16	93	124	152	183	213	244	14	45	76	106	137	167
17	94	125	153	184	214	245	15	46	77	107	138	168
18	95	126	154	185	215	246	16	47	78	108	139	169
19	96	127	155	186	216	247	17	48	79	109	140	170
20	97	128	156	187	217	248	18	49	80	110	141	171
21	98	129	157	188	218	249	19	50	81	111	142	172
22	99	130	158	189	219	250	20	51	82	112	143	173
23	100	131	159	190	220	251	21	52	83	113	144	174
24	101	132	160	191	221	252	22	53	84	114	145	175
25	102	133	161	192	222	253	23	54	85	115	146	176
26	103	134	162	193	223	254	24	55	86	116	147	177
27	104	135	163	194	224	255	25	56	87	117	148	178
28	105	136	164	195	225	256	26	57	88	118	149	179
29	106		165	196	226	257	27	58	89	119	150	180
30	107		166	197	227	258	28	59	90	120	151	181
31	108		167		228		29	60		121		182

▶1926・1978・2030年

	1月	2月	3月	4月	5月	6月	7月	8月	9月	10月	11月	12月
1	183	214	242	13	43	74	104	135	166	196	227	257
2	184	215	243	14	44	75	105	136	167	197	228	258
3	185	216	244	15	45	76	106	137	168	198	229	259
4	186	217	245	16	46	77	107	138	169	199	230	260
5	187	218	246	17	47	78	108	139	170	200	231	1
6	188	219	247	18	48	79	109	140	171	201	232	2
7	189	220	248	19	49	80	110	141	172	202	233	3
8	190	221	249	20	50	81	111	142	173	203	234	4
9	191	222	250	21	51	82	112	143	174	204	235	5
10	192	223	251	22	52	83	113	144	175	205	236	6
11	193	224	252	23	53	84	114	145	176	206	237	7
12	194	225	253	24	54	85	115	146	177	207	238	8
13	195	226	254	25	55	86	116	147	178	208	239	9
14	196	227	255	26	56	87	117	148	179	209	240	10
15	197	228	256	27	57	88	118	149	180	210	241	11
16	198	229	257	28	58	89	119	150	181	211	242	12
17	199	230	258	29	59	90	120	151	182	212	243	13
18	200	231	259	30	60	91	121	152	183	213	244	14
19	201	232	260	31	61	92	122	153	184	214	245	15
20	202	233	1	32	62	93	123	154	185	215	246	16
21	203	234	2	33	63	94	124	155	186	216	247	17
22	204	235	3	34	64	95	125	156	187	217	248	18
23	205	236	4	35	65	96	126	157	188	218	249	19
24	206	237	5	36	66	97	127	158	189	219	250	20
25	207	238	6	37	67	98	128	159	190	220	251	21
26	208	239	7	38	68	99	129	160	191	221	252	22
27	209	240	8	39	69	100	130	161	192	222	253	23
28	210	241	9	40	70	101	131	162	193	223	254	24
29	211		10	41	71	102	132	163	194	224	255	25
30	212		11	42	72	103	133	164	195	225	256	26
31	213		12		73		134	165		226		27

▶1927・1979・2031年

	1月	2月	3月	4月	5月	6月	7月	8月	9月	10月	11月	12月
1	28	59	87	118	148	179	209	240	11	41	72	102
2	29	60	88	119	149	180	210	241	12	42	73	103
3	30	61	89	120	150	181	211	242	13	43	74	104
4	31	62	90	121	151	182	212	243	14	44	75	105
5	32	63	91	122	152	183	213	244	15	45	76	106
6	33	64	92	123	153	184	214	245	16	46	77	107
7	34	65	93	124	154	185	215	246	17	47	78	108
8	35	66	94	125	155	186	216	247	18	48	79	109
9	36	67	95	126	156	187	217	248	19	49	80	110
10	37	68	96	127	157	188	218	249	20	50	81	111
11	38	69	97	128	158	189	219	250	21	51	82	112
12	39	70	98	129	159	190	220	251	22	52	83	113
13	40	71	99	130	160	191	221	252	23	53	84	114
14	41	72	100	131	161	192	222	253	24	54	85	115
15	42	73	101	132	162	193	223	254	25	55	86	116
16	43	74	102	133	163	194	224	255	26	56	87	117
17	44	75	103	134	164	195	225	256	27	57	88	118
18	45	76	104	135	165	196	226	257	28	58	89	119
19	46	77	105	136	166	197	227	258	29	59	90	120
20	47	78	106	137	167	198	228	259	30	60	91	121
21	48	79	107	138	168	199	229	260	31	61	92	122
22	49	80	108	139	169	200	230	1	32	62	93	123
23	50	81	109	140	170	201	231	2	33	63	94	124
24	51	82	110	141	171	202	232	3	34	64	95	125
25	52	83	111	142	172	203	233	4	35	65	96	126
26	53	84	112	143	173	204	234	5	36	66	97	127
27	54	85	113	144	174	205	235	6	37	67	98	128
28	55	86	114	145	175	206	236	7	38	68	99	129
29	56		115	146	176	207	237	8	39	69	100	130
30	57		116	147	177	208	238	9	40	70	101	131
31	58		117		178		239	10		71		132

▶1928・1980・2032年

	1月	2月	3月	4月	5月	6月	7月	8月	9月	10月	11月	12月
1	133	164	193	223	253	24	54	85	116	146	177	207
2	134	165	194	224	254	25	55	86	117	147	178	208
3	135	166	195	225	255	26	56	87	118	148	179	209
4	136	167	196	226	256	27	57	88	119	149	180	210
5	137	168	197	227	257	28	58	89	120	150	181	211
6	138	169	198	228	258	29	59	90	121	151	182	212
7	139	170	199	229	259	30	60	91	122	152	183	213
8	140	171	200	230	260	31	61	92	123	153	184	214
9	141	172	201	231	1	32	62	93	124	154	185	215
10	142	173	202	232	2	33	63	94	125	155	186	216
11	143	174	203	233	3	34	64	95	126	156	187	217
12	144	175	204	234	4	35	65	96	127	157	188	218
13	145	176	205	235	5	36	66	97	128	158	189	219
14	146	177	206	236	6	37	67	98	129	159	190	220
15	147	178	207	237	7	38	68	99	130	160	191	221
16	148	179	208	238	8	39	69	100	131	161	192	222
17	149	180	209	239	9	40	70	101	132	162	193	223
18	150	181	210	240	10	41	71	102	133	163	194	224
19	151	182	211	241	11	42	72	103	134	164	195	225
20	152	183	212	242	12	43	73	104	135	165	196	226
21	153	184	213	243	13	44	74	105	136	166	197	227
22	154	185	214	244	14	45	75	106	137	167	198	228
23	155	186	215	245	15	46	76	107	138	168	199	229
24	156	187	216	246	16	47	77	108	139	169	200	230
25	157	188	217	247	17	48	78	109	140	170	201	231
26	158	189	218	248	18	49	79	110	141	171	202	232
27	159	190	219	249	19	50	80	111	142	172	203	233
28	160	191	220	250	20	51	81	112	143	173	204	234
29	161	192	221	251	21	52	82	113	144	174	205	235
30	162		222	252	22	53	83	114	145	175	206	236
31	163		223		23		84	115		176		237

▶1929・1981・2033年

	1月	2月	3月	4月	5月	6月	7月	8月	9月	10月	11月	12月
1	238	9	37	68	98	129	159	190	221	251	22	52
2	239	10	38	69	99	130	160	191	222	252	23	53
3	240	11	39	70	100	131	161	192	223	253	24	54
4	241	12	40	71	101	132	162	193	224	254	25	55
5	242	13	41	72	102	133	163	194	225	255	26	56
6	243	14	42	73	103	134	164	195	226	256	27	57
7	244	15	43	74	104	135	165	196	227	257	28	58
8	245	16	44	75	105	136	166	197	228	258	29	59
9	246	17	45	76	106	137	167	198	229	259	30	60
10	247	18	46	77	107	138	168	199	230	260	31	61
11	248	19	47	78	108	139	169	200	231	1	32	62
12	249	20	48	79	109	140	170	201	232	2	33	63
13	250	21	49	80	110	141	171	202	233	3	34	64
14	251	22	50	81	111	142	172	203	234	4	35	65
15	252	23	51	82	112	143	173	204	235	5	36	66
16	253	24	52	83	113	144	174	205	236	6	37	67
17	254	25	53	84	114	145	175	206	237	7	38	68
18	255	26	54	85	115	146	176	207	238	8	39	69
19	256	27	55	86	116	147	177	208	239	9	40	70
20	257	28	56	87	117	148	178	209	240	10	41	71
21	258	29	57	88	118	149	179	210	241	11	42	72
22	259	30	58	89	119	150	180	211	242	12	43	73
23	260	31	59	90	120	151	181	212	243	13	44	74
24	1	32	60	91	121	152	182	213	244	14	45	75
25	2	33	61	92	122	153	183	214	245	15	46	76
26	3	34	62	93	123	154	184	215	246	16	47	77
27	4	35	63	94	124	155	185	216	247	17	48	78
28	5	36	64	95	125	156	186	217	248	18	49	79
29	6		65	96	126	157	187	218	249	19	50	80
30	7		66	97	127	158	188	219	250	20	51	81
31	8		67		128		189	220		21		82

▶1930・1982・2034年

	1月	2月	3月	4月	5月	6月	7月	8月	9月	10月	11月	12月
1	83	114	142	173	203	234	4	35	66	96	127	157
2	84	115	143	174	204	235	5	36	67	97	128	158
3	85	116	144	175	205	236	6	37	68	98	129	159
4	86	117	145	176	206	237	7	38	69	99	130	160
5	87	118	146	177	207	238	8	39	70	100	131	161
6	88	119	147	178	208	239	9	40	71	101	132	162
7	89	120	148	179	209	240	10	41	72	102	133	163
8	90	121	149	180	210	241	11	42	73	103	134	164
9	91	122	150	181	211	242	12	43	74	104	135	165
10	92	123	151	182	212	243	13	44	75	105	136	166
11	93	124	152	183	213	244	14	45	76	106	137	167
12	94	125	153	184	214	245	15	46	77	107	138	168
13	95	126	154	185	215	246	16	47	78	108	139	169
14	96	127	155	186	216	247	17	48	79	109	140	170
15	97	128	156	187	217	248	18	49	80	110	141	171
16	98	129	157	188	218	249	19	50	81	111	142	172
17	99	130	158	189	219	250	20	51	82	112	143	173
18	100	131	159	190	220	251	21	52	83	113	144	174
19	101	132	160	191	221	252	22	53	84	114	145	175
20	102	133	161	192	222	253	23	54	85	115	146	176
21	103	134	162	193	223	254	24	55	86	116	147	177
22	104	135	163	194	224	255	25	56	87	117	148	178
23	105	136	164	195	225	256	26	57	88	118	149	179
24	106	137	165	196	226	257	27	58	89	119	150	180
25	107	138	166	197	227	258	28	59	90	120	151	181
26	108	139	167	198	228	259	29	60	91	121	152	182
27	109	140	168	199	229	260	30	61	92	122	153	183
28	110	141	169	200	230	1	31	62	93	123	154	184
29	111		170	201	231	2	32	63	94	124	155	185
30	112		171	202	232	3	33	64	95	125	156	186
31	113		172		233		34	65		126		187

▶1931・1983・2035年

	1月	2月	3月	4月	5月	6月	7月	8月	9月	10月	11月	12月
1	188	219	247	18	48	79	109	140	171	201	232	2
2	189	220	248	19	49	80	110	141	172	202	233	3
3	190	221	249	20	50	81	111	142	173	203	234	4
4	191	222	250	21	51	82	112	143	174	204	235	5
5	192	223	251	22	52	83	113	144	175	205	236	6
6	193	224	252	23	53	84	114	145	176	206	237	7
7	194	225	253	24	54	85	115	146	177	207	238	8
8	195	226	254	25	55	86	116	147	178	208	239	9
9	196	227	255	26	56	87	117	148	179	209	240	10
10	197	228	256	27	57	88	118	149	180	210	241	11
11	198	229	257	28	58	89	119	150	181	211	242	12
12	199	230	258	29	59	90	120	151	182	212	243	13
13	200	231	259	30	60	91	121	152	183	213	244	14
14	201	232	260	31	61	92	122	153	184	214	245	15
15	202	233	1	32	62	93	123	154	185	215	246	16
16	203	234	2	33	63	94	124	155	186	216	247	17
17	204	235	3	34	64	95	125	156	187	217	248	18
18	205	236	4	35	65	96	126	157	188	218	249	19
19	206	237	5	36	66	97	127	158	189	219	250	20
20	207	238	6	37	67	98	128	159	190	220	251	21
21	208	239	7	38	68	99	129	160	191	221	252	22
22	209	240	8	39	69	100	130	161	192	222	253	23
23	210	241	9	40	70	101	131	162	193	223	254	24
24	211	242	10	41	71	102	132	163	194	224	255	25
25	212	243	11	42	72	103	133	164	195	225	256	26
26	213	244	12	43	73	104	134	165	196	226	257	27
27	214	245	13	44	74	105	135	166	197	227	258	28
28	215	246	14	45	75	106	136	167	198	228	259	29
29	216		15	46	76	107	137	168	199	229	260	30
30	217		16	47	77	108	138	169	200	230	1	31
31	218		17		78		139	170		231		32

▶1932・1984・2036年

	1月	2月	3月	4月	5月	6月	7月	8月	9月	10月	11月	12月
1	33	64	93	123	153	184	214	245	16	46	77	107
2	34	65	94	124	154	185	215	246	17	47	78	108
3	35	66	95	125	155	186	216	247	18	48	79	109
4	36	67	96	126	156	187	217	248	19	49	80	110
5	37	68	97	127	157	188	218	249	20	50	81	111
6	38	69	98	128	158	189	219	250	21	51	82	112
7	39	70	99	129	159	190	220	251	22	52	83	113
8	40	71	100	130	160	191	221	252	23	53	84	114
9	41	72	101	131	161	192	222	253	24	54	85	115
10	42	73	102	132	162	193	223	254	25	55	86	116
11	43	74	103	133	163	194	224	255	26	56	87	117
12	44	75	104	134	164	195	225	256	27	57	88	118
13	45	76	105	135	165	196	226	257	28	58	89	119
14	46	77	106	136	166	197	227	258	29	59	90	120
15	47	78	107	137	167	198	228	259	30	60	91	121
16	48	79	108	138	168	199	229	260	31	61	92	122
17	49	80	109	139	169	200	230	1	32	62	93	123
18	50	81	110	140	170	201	231	2	33	63	94	124
19	51	82	111	141	171	202	232	3	34	64	95	125
20	52	83	112	142	172	203	233	4	35	65	96	126
21	53	84	113	143	173	204	234	5	36	66	97	127
22	54	85	114	144	174	205	235	6	37	67	98	128
23	55	86	115	145	175	206	236	7	38	68	99	129
24	56	87	116	146	176	207	237	8	39	69	100	130
25	57	88	117	147	177	208	238	9	40	70	101	131
26	58	89	118	148	178	209	239	10	41	71	102	132
27	59	90	119	149	179	210	240	11	42	72	103	133
28	60	91	120	150	180	211	241	12	43	73	104	134
29	61	92	121	151	181	212	242	13	44	74	105	135
30	62		122	152	182	213	243	14	45	75	106	136
31	63		123		183		244	15		76		137

▶1933・1985・2037年

	1月	2月	3月	4月	5月	6月	7月	8月	9月	10月	11月	12月
1	138	169	197	228	258	29	59	90	121	151	182	212
2	139	170	198	229	259	30	60	91	122	152	183	213
3	140	171	199	230	260	31	61	92	123	153	184	214
4	141	172	200	231	1	32	62	93	124	154	185	215
5	142	173	201	232	2	33	63	94	125	155	186	216
6	143	174	202	233	3	34	64	95	126	156	187	217
7	144	175	203	234	4	35	65	96	127	157	188	218
8	145	176	204	235	5	36	66	97	128	158	189	219
9	146	177	205	236	6	37	67	98	129	159	190	220
10	147	178	206	237	7	38	68	99	130	160	191	221
11	148	179	207	238	8	39	69	100	131	161	192	222
12	149	180	208	239	9	40	70	101	132	162	193	223
13	150	181	209	240	10	41	71	102	133	163	194	224
14	151	182	210	241	11	42	72	103	134	164	195	225
15	152	183	211	242	12	43	73	104	135	165	196	226
16	153	184	212	243	13	44	74	105	136	166	197	227
17	154	185	213	244	14	45	75	106	137	167	198	228
18	155	186	214	245	15	46	76	107	138	168	199	229
19	156	187	215	246	16	47	77	108	139	169	200	230
20	157	188	216	247	17	48	78	109	140	170	201	231
21	158	189	217	248	18	49	79	110	141	171	202	232
22	159	190	218	249	19	50	80	111	142	172	203	233
23	160	191	219	250	20	51	81	112	143	173	204	234
24	161	192	220	251	21	52	82	113	144	174	205	235
25	162	193	221	252	22	53	83	114	145	175	206	236
26	163	194	222	253	23	54	84	115	146	176	207	237
27	164	195	223	254	24	55	85	116	147	177	208	238
28	165	196	224	255	25	56	86	117	148	178	209	239
29	166		225	256	26	57	87	118	149	179	210	240
30	167		226	257	27	58	88	119	150	180	211	241
31	168		227		28		89	120		181		242

▶1934・1986・2038年

	1月	2月	3月	4月	5月	6月	7月	8月	9月	10月	11月	12月
1	243	14	42	73	103	134	164	195	226	256	27	57
2	244	15	43	74	104	135	165	196	227	257	28	58
3	245	16	44	75	105	136	166	197	228	258	29	59
4	246	17	45	76	106	137	167	198	229	259	30	60
5	247	18	46	77	107	138	168	199	230	260	31	61
6	248	19	47	78	108	139	169	200	231	1	32	62
7	249	20	48	79	109	140	170	201	232	2	33	63
8	250	21	49	80	110	141	171	202	233	3	34	64
9	251	22	50	81	111	142	172	203	234	4	35	65
10	252	23	51	82	112	143	173	204	235	5	36	66
11	253	24	52	83	113	144	174	205	236	6	37	67
12	254	25	53	84	114	145	175	206	237	7	38	68
13	255	26	54	85	115	146	176	207	238	8	39	69
14	256	27	55	86	116	147	177	208	239	9	40	70
15	257	28	56	87	117	148	178	209	240	10	41	71
16	258	29	57	88	118	149	179	210	241	11	42	72
17	259	30	58	89	119	150	180	211	242	12	43	73
18	260	31	59	90	120	151	181	212	243	13	44	74
19	1	32	60	91	121	152	182	213	244	14	45	75
20	2	33	61	92	122	153	183	214	245	15	46	76
21	3	34	62	93	123	154	184	215	246	16	47	77
22	4	35	63	94	124	155	185	216	247	17	48	78
23	5	36	64	95	125	156	186	217	248	18	49	79
24	6	37	65	96	126	157	187	218	249	19	50	80
25	7	38	66	97	127	158	188	219	250	20	51	81
26	8	39	67	98	128	159	189	220	251	21	52	82
27	9	40	68	99	129	160	190	221	252	22	53	83
28	10	41	69	100	130	161	191	222	253	23	54	84
29	11		70	101	131	162	192	223	254	24	55	85
30	12		71	102	132	163	193	224	255	25	56	86
31	13		72		133		194	225		26		87

▶1935・1987・2039年

	1月	2月	3月	4月	5月	6月	7月	8月	9月	10月	11月	12月
1	88	119	147	178	208	239	9	40	71	101	132	162
2	89	120	148	179	209	240	10	41	72	102	133	163
3	90	121	149	180	210	241	11	42	73	103	134	164
4	91	122	150	181	211	242	12	43	74	104	135	165
5	92	123	151	182	212	243	13	44	75	105	136	166
6	93	124	152	183	213	244	14	45	76	106	137	167
7	94	125	153	184	214	245	15	46	77	107	138	168
8	95	126	154	185	215	246	16	47	78	108	139	169
9	96	127	155	186	216	247	17	48	79	109	140	170
10	97	128	156	187	217	248	18	49	80	110	141	171
11	98	129	157	188	218	249	19	50	81	111	142	172
12	99	130	158	189	219	250	20	51	82	112	143	173
13	100	131	159	190	220	251	21	52	83	113	144	174
14	101	132	160	191	221	252	22	53	84	114	145	175
15	102	133	161	192	222	253	23	54	85	115	146	176
16	103	134	162	193	223	254	24	55	86	116	147	177
17	104	135	163	194	224	255	25	56	87	117	148	178
18	105	136	164	195	225	256	26	57	88	118	149	179
19	106	137	165	196	226	257	27	58	89	119	150	180
20	107	138	166	197	227	258	28	59	90	120	151	181
21	108	139	167	198	228	259	29	60	91	121	152	182
22	109	140	168	199	229	260	30	61	92	122	153	183
23	110	141	169	200	230	1	31	62	93	123	154	184
24	111	142	170	201	231	2	32	63	94	124	155	185
25	112	143	171	202	232	3	33	64	95	125	156	186
26	113	144	172	203	233	4	34	65	96	126	157	187
27	114	145	173	204	234	5	35	66	97	127	158	188
28	115	146	174	205	235	6	36	67	98	128	159	189
29	116		175	206	236	7	37	68	99	129	160	190
30	117		176	207	237	8	38	69	100	130	161	191
31	118		177		238		39	70		131		192

▶1936・1988・2040年

	1月	2月	3月	4月	5月	6月	7月	8月	9月	10月	11月	12月
1	193	224	253	23	53	84	114	145	176	206	237	7
2	194	225	254	24	54	85	115	146	177	207	238	8
3	195	226	255	25	55	86	116	147	178	208	239	9
4	196	227	256	26	56	87	117	148	179	209	240	10
5	197	228	257	27	57	88	118	149	180	210	241	11
6	198	229	258	28	58	89	119	150	181	211	242	12
7	199	230	259	29	59	90	120	151	182	212	243	13
8	200	231	260	30	60	91	121	152	183	213	244	14
9	201	232	1	31	61	92	122	153	184	214	245	15
10	202	233	2	32	62	93	123	154	185	215	246	16
11	203	234	3	33	63	94	124	155	186	216	247	17
12	204	235	4	34	64	95	125	156	187	217	248	18
13	205	236	5	35	65	96	126	157	188	218	249	19
14	206	237	6	36	66	97	127	158	189	219	250	20
15	207	238	7	37	67	98	128	159	190	220	251	21
16	208	239	8	38	68	99	129	160	191	221	252	22
17	209	240	9	39	69	100	130	161	192	222	253	23
18	210	241	10	40	70	101	131	162	193	223	254	24
19	211	242	11	41	71	102	132	163	194	224	255	25
20	212	243	12	42	72	103	133	164	195	225	256	26
21	213	244	13	43	73	104	134	165	196	226	257	27
22	214	245	14	44	74	105	135	166	197	227	258	28
23	215	246	15	45	75	106	136	167	198	228	259	29
24	216	247	16	46	76	107	137	168	199	229	260	30
25	217	248	17	47	77	108	138	169	200	230	1	31
26	218	249	18	48	78	109	139	170	201	231	2	32
27	219	250	19	49	79	110	140	171	202	232	3	33
28	220	251	20	50	80	111	141	172	203	233	4	34
29	221	252	21	51	81	112	142	173	204	234	5	35
30	222		22	52	82	113	143	174	205	235	6	36
31	223		23		83		144	175		236		37

▶1937・1989・2041年

	1月	2月	3月	4月	5月	6月	7月	8月	9月	10月	11月	12月
1	38	69	97	128	158	189	219	250	21	51	82	112
2	39	70	98	129	159	190	220	251	22	52	83	113
3	40	71	99	130	160	191	221	252	23	53	84	114
4	41	72	100	131	161	192	222	253	24	54	85	115
5	42	73	101	132	162	193	223	254	25	55	86	116
6	43	74	102	133	163	194	224	255	26	56	87	117
7	44	75	103	134	164	195	225	256	27	57	88	118
8	45	76	104	135	165	196	226	257	28	58	89	119
9	46	77	105	136	166	197	227	258	29	59	90	120
10	47	78	106	137	167	198	228	259	30	60	91	121
11	48	79	107	138	168	199	229	260	31	61	92	122
12	49	80	108	139	169	200	230	1	32	62	93	123
13	50	81	109	140	170	201	231	2	33	63	94	124
14	51	82	110	141	171	202	232	3	34	64	95	125
15	52	83	111	142	172	203	233	4	35	65	96	126
16	53	84	112	143	173	204	234	5	36	66	97	127
17	54	85	113	144	174	205	235	6	37	67	98	128
18	55	86	114	145	175	206	236	7	38	68	99	129
19	56	87	115	146	176	207	237	8	39	69	100	130
20	57	88	116	147	177	208	238	9	40	70	101	131
21	58	89	117	148	178	209	239	10	41	71	102	132
22	59	90	118	149	179	210	240	11	42	72	103	133
23	60	91	119	150	180	211	241	12	43	73	104	134
24	61	92	120	151	181	212	242	13	44	74	105	135
25	62	93	121	152	182	213	243	14	45	75	106	136
26	63	94	122	153	183	214	244	15	46	76	107	137
27	64	95	123	154	184	215	245	16	47	77	108	138
28	65	96	124	155	185	216	246	17	48	78	109	139
29	66		125	156	186	217	247	18	49	79	110	140
30	67		126	157	187	218	248	19	50	80	111	141
31	68		127		188		249	20		81		142

▶1938・1990・2042年

	1月	2月	3月	4月	5月	6月	7月	8月	9月	10月	11月	12月
1	143	174	202	233	3	34	64	95	126	156	187	217
2	144	175	203	234	4	35	65	96	127	157	188	218
3	145	176	204	235	5	36	66	97	128	158	189	219
4	146	177	205	236	6	37	67	98	129	159	190	220
5	147	178	206	237	7	38	68	99	130	160	191	221
6	148	179	207	238	8	39	69	100	131	161	192	222
7	149	180	208	239	9	40	70	101	132	162	193	223
8	150	181	209	240	10	41	71	102	133	163	194	224
9	151	182	210	241	11	42	72	103	134	164	195	225
10	152	183	211	242	12	43	73	104	135	165	196	226
11	153	184	212	243	13	44	74	105	136	166	197	227
12	154	185	213	244	14	45	75	106	137	167	198	228
13	155	186	214	245	15	46	76	107	138	168	199	229
14	156	187	215	246	16	47	77	108	139	169	200	230
15	157	188	216	247	17	48	78	109	140	170	201	231
16	158	189	217	248	18	49	79	110	141	171	202	232
17	159	190	218	249	19	50	80	111	142	172	203	233
18	160	191	219	250	20	51	81	112	143	173	204	234
19	161	192	220	251	21	52	82	113	144	174	205	235
20	162	193	221	252	22	53	83	114	145	175	206	236
21	163	194	222	253	23	54	84	115	146	176	207	237
22	164	195	223	254	24	55	85	116	147	177	208	238
23	165	196	224	255	25	56	86	117	148	178	209	239
24	166	197	225	256	26	57	87	118	149	179	210	240
25	167	198	226	257	27	58	88	119	150	180	211	241
26	168	199	227	258	28	59	89	120	151	181	212	242
27	169	200	228	259	29	60	90	121	152	182	213	243
28	170	201	229	260	30	61	91	122	153	183	214	244
29	171		230	1	31	62	92	123	154	184	215	245
30	172		231	2	32	63	93	124	155	185	216	246
31	173		232		33		94	125		186		247

▶1939・1991・2043年

	1月	2月	3月	4月	5月	6月	7月	8月	9月	10月	11月	12月
1	248	19	47	78	108	139	169	200	231	1	32	62
2	249	20	48	79	109	140	170	201	232	2	33	63
3	250	21	49	80	110	141	171	202	233	3	34	64
4	251	22	50	81	111	142	172	203	234	4	35	65
5	252	23	51	82	112	143	173	204	235	5	36	66
6	253	24	52	83	113	144	174	205	236	6	37	67
7	254	25	53	84	114	145	175	206	237	7	38	68
8	255	26	54	85	115	146	176	207	238	8	39	69
9	256	27	55	86	116	147	177	208	239	9	40	70
10	257	28	56	87	117	148	178	209	240	10	41	71
11	258	29	57	88	118	149	179	210	241	11	42	72
12	259	30	58	89	119	150	180	211	242	12	43	73
13	260	31	59	90	120	151	181	212	243	13	44	74
14	1	32	60	91	121	152	182	213	244	14	45	75
15	2	33	61	92	122	153	183	214	245	15	46	76
16	3	34	62	93	123	154	184	215	246	16	47	77
17	4	35	63	94	124	155	185	216	247	17	48	78
18	5	36	64	95	125	156	186	217	248	18	49	79
19	6	37	65	96	126	157	187	218	249	19	50	80
20	7	38	66	97	127	158	188	219	250	20	51	81
21	8	39	67	98	128	159	189	220	251	21	52	82
22	9	40	68	99	129	160	190	221	252	22	53	83
23	10	41	69	100	130	161	191	222	253	23	54	84
24	11	42	70	101	131	162	192	223	254	24	55	85
25	12	43	71	102	132	163	193	224	255	25	56	86
26	13	44	72	103	133	164	194	225	256	26	57	87
27	14	45	73	104	134	165	195	226	257	27	58	88
28	15	46	74	105	135	166	196	227	258	28	59	89
29	16		75	106	136	167	197	228	259	29	60	90
30	17		76	107	137	168	198	229	260	30	61	91
31	18		77		138		199	230		31		92

▶1940・1992・2044年

	1月	2月	3月	4月	5月	6月	7月	8月	9月	10月	11月	12月
1	93	124	153	183	213	244	14	45	76	106	137	167
2	94	125	154	184	214	245	15	46	77	107	138	168
3	95	126	155	185	215	246	16	47	78	108	139	169
4	96	127	156	186	216	247	17	48	79	109	140	170
5	97	128	157	187	217	248	18	49	80	110	141	171
6	98	129	158	188	218	249	19	50	81	111	142	172
7	99	130	159	189	219	250	20	51	82	112	143	173
8	100	131	160	190	220	251	21	52	83	113	144	174
9	101	132	161	191	221	252	22	53	84	114	145	175
10	102	133	162	192	222	253	23	54	85	115	146	176
11	103	134	163	193	223	254	24	55	86	116	147	177
12	104	135	164	194	224	255	25	56	87	117	148	178
13	105	136	165	195	225	256	26	57	88	118	149	179
14	106	137	166	196	226	257	27	58	89	119	150	180
15	107	138	167	197	227	258	28	59	90	120	151	181
16	108	139	168	198	228	259	29	60	91	121	152	182
17	109	140	169	199	229	260	30	61	92	122	153	183
18	110	141	170	200	230	1	31	62	93	123	154	184
19	111	142	171	201	231	2	32	63	94	124	155	185
20	112	143	172	202	232	3	33	64	95	125	156	186
21	113	144	173	203	233	4	34	65	96	126	157	187
22	114	145	174	204	234	5	35	66	97	127	158	188
23	115	146	175	205	235	6	36	67	98	128	159	189
24	116	147	176	206	236	7	37	68	99	129	160	190
25	117	148	177	207	237	8	38	69	100	130	161	191
26	118	149	178	208	238	9	39	70	101	131	162	192
27	119	150	179	209	239	10	40	71	102	132	163	193
28	120	151	180	210	240	11	41	72	103	133	164	194
29	121	152	181	211	241	12	42	73	104	134	165	195
30	122		182	212	242	13	43	74	105	135	166	196
31	123		183		243		44	75		136		197

▶1941・1993・2045年

	1月	2月	3月	4月	5月	6月	7月	8月	9月	10月	11月	12月
1	198	229	257	28	58	89	119	150	181	211	242	12
2	199	230	258	29	59	90	120	151	182	212	243	13
3	200	231	259	30	60	91	121	152	183	213	244	14
4	201	232	260	31	61	92	122	153	184	214	245	15
5	202	233	1	32	62	93	123	154	185	215	246	16
6	203	234	2	33	63	94	124	155	186	216	247	17
7	204	235	3	34	64	95	125	156	187	217	248	18
8	205	236	4	35	65	96	126	157	188	218	249	19
9	206	237	5	36	66	97	127	158	189	219	250	20
10	207	238	6	37	67	98	128	159	190	220	251	21
11	208	239	7	38	68	99	129	160	191	221	252	22
12	209	240	8	39	69	100	130	161	192	222	253	23
13	210	241	9	40	70	101	131	162	193	223	254	24
14	211	242	10	41	71	102	132	163	194	224	255	25
15	212	243	11	42	72	103	133	164	195	225	256	26
16	213	244	12	43	73	104	134	165	196	226	257	27
17	214	245	13	44	74	105	135	166	197	227	258	28
18	215	246	14	45	75	106	136	167	198	228	259	29
19	216	247	15	46	76	107	137	168	199	229	260	30
20	217	248	16	47	77	108	138	169	200	230	1	31
21	218	249	17	48	78	109	139	170	201	231	2	32
22	219	250	18	49	79	110	140	171	202	232	3	33
23	220	251	19	50	80	111	141	172	203	233	4	34
24	221	252	20	51	81	112	142	173	204	234	5	35
25	222	253	21	52	82	113	143	174	205	235	6	36
26	223	254	22	53	83	114	144	175	206	236	7	37
27	224	255	23	54	84	115	145	176	207	237	8	38
28	225	256	24	55	85	116	146	177	208	238	9	39
29	226		25	56	86	117	147	178	209	239	10	40
30	227		26	57	87	118	148	179	210	240	11	41
31	228		27		88		149	180		241		42

▶1942・1994・2046年

	1月	2月	3月	4月	5月	6月	7月	8月	9月	10月	11月	12月
1	43	74	102	133	163	194	224	255	26	56	87	117
2	44	75	103	134	164	195	225	256	27	57	88	118
3	45	76	104	135	165	196	226	257	28	58	89	119
4	46	77	105	136	166	197	227	258	29	59	90	120
5	47	78	106	137	167	198	228	259	30	60	91	121
6	48	79	107	138	168	199	229	260	31	61	92	122
7	49	80	108	139	169	200	230	1	32	62	93	123
8	50	81	109	140	170	201	231	2	33	63	94	124
9	51	82	110	141	171	202	232	3	34	64	95	125
10	52	83	111	142	172	203	233	4	35	65	96	126
11	53	84	112	143	173	204	234	5	36	66	97	127
12	54	85	113	144	174	205	235	6	37	67	98	128
13	55	86	114	145	175	206	236	7	38	68	99	129
14	56	87	115	146	176	207	237	8	39	69	100	130
15	57	88	116	147	177	208	238	9	40	70	101	131
16	58	89	117	148	178	209	239	10	41	71	102	132
17	59	90	118	149	179	210	240	11	42	72	103	133
18	60	91	119	150	180	211	241	12	43	73	104	134
19	61	92	120	151	181	212	242	13	44	74	105	135
20	62	93	121	152	182	213	243	14	45	75	106	136
21	63	94	122	153	183	214	244	15	46	76	107	137
22	64	95	123	154	184	215	245	16	47	77	108	138
23	65	96	124	155	185	216	246	17	48	78	109	139
24	66	97	125	156	186	217	247	18	49	79	110	140
25	67	98	126	157	187	218	248	19	50	80	111	141
26	68	99	127	158	188	219	249	20	51	81	112	142
27	69	100	128	159	189	220	250	21	52	82	113	143
28	70	101	129	160	190	221	251	22	53	83	114	144
29	71		130	161	191	222	252	23	54	84	115	145
30	72		131	162	192	223	253	24	55	85	116	146
31	73		132		193		254	25		86		147

▶1943・1995・2047年

	1月	2月	3月	4月	5月	6月	7月	8月	9月	10月	11月	12月
1	148	179	207	238	8	39	69	100	131	161	192	222
2	149	180	208	239	9	40	70	101	132	162	193	223
3	150	181	209	240	10	41	71	102	133	163	194	224
4	151	182	210	241	11	42	72	103	134	164	195	225
5	152	183	211	242	12	43	73	104	135	165	196	226
6	153	184	212	243	13	44	74	105	136	166	197	227
7	154	185	213	244	14	45	75	106	137	167	198	228
8	155	186	214	245	15	46	76	107	138	168	199	229
9	156	187	215	246	16	47	77	108	139	169	200	230
10	157	188	216	247	17	48	78	109	140	170	201	231
11	158	189	217	248	18	49	79	110	141	171	202	232
12	159	190	218	249	19	50	80	111	142	172	203	233
13	160	191	219	250	20	51	81	112	143	173	204	234
14	161	192	220	251	21	52	82	113	144	174	205	235
15	162	193	221	252	22	53	83	114	145	175	206	236
16	163	194	222	253	23	54	84	115	146	176	207	237
17	164	195	223	254	24	55	85	116	147	177	208	238
18	165	196	224	255	25	56	86	117	148	178	209	239
19	166	197	225	256	26	57	87	118	149	179	210	240
20	167	198	226	257	27	58	88	119	150	180	211	241
21	168	199	227	258	28	59	89	120	151	181	212	242
22	169	200	228	259	29	60	90	121	152	182	213	243
23	170	201	229	260	30	61	91	122	153	183	214	244
24	171	202	230	1	31	62	92	123	154	184	215	245
25	172	203	231	2	32	63	93	124	155	185	216	246
26	173	204	232	3	33	64	94	125	156	186	217	247
27	174	205	233	4	34	65	95	126	157	187	218	248
28	175	206	234	5	35	66	96	127	158	188	219	249
29	176		235	6	36	67	97	128	159	189	220	250
30	177		236	7	37	68	98	129	160	190	221	251
31	178		237		38		99	130		191		252

▶1944・1996・2048年

	1月	2月	3月	4月	5月	6月	7月	8月	9月	10月	11月	12月
1	253	24	53	83	113	144	174	205	236	6	37	67
2	254	25	54	84	114	145	175	206	237	7	38	68
3	255	26	55	85	115	146	176	207	238	8	39	69
4	256	27	56	86	116	147	177	208	239	9	40	70
5	257	28	57	87	117	148	178	209	240	10	41	71
6	258	29	58	88	118	149	179	210	241	11	42	72
7	259	30	59	89	119	150	180	211	242	12	43	73
8	260	31	60	90	120	151	181	212	243	13	44	74
9	1	32	61	91	121	152	182	213	244	14	45	75
10	2	33	62	92	122	153	183	214	245	15	46	76
11	3	34	63	93	123	154	184	215	246	16	47	77
12	4	35	64	94	124	155	185	216	247	17	48	78
13	5	36	65	95	125	156	186	217	248	18	49	79
14	6	37	66	96	126	157	187	218	249	19	50	80
15	7	38	67	97	127	158	188	219	250	20	51	81
16	8	39	68	98	128	159	189	220	251	21	52	82
17	9	40	69	99	129	160	190	221	252	22	53	83
18	10	41	70	100	130	161	191	222	253	23	54	84
19	11	42	71	101	131	162	192	223	254	24	55	85
20	12	43	72	102	132	163	193	224	255	25	56	86
21	13	44	73	103	133	164	194	225	256	26	57	87
22	14	45	74	104	134	165	195	226	257	27	58	88
23	15	46	75	105	135	166	196	227	258	28	59	89
24	16	47	76	106	136	167	197	228	259	29	60	90
25	17	48	77	107	137	168	198	229	260	30	61	91
26	18	49	78	108	138	169	199	230	1	31	62	92
27	19	50	79	109	139	170	200	231	2	32	63	93
28	20	51	80	110	140	171	201	232	3	33	64	94
29	21	52	81	111	141	172	202	233	4	34	65	95
30	22		82	112	142	173	203	234	5	35	66	96
31	23		83		143		204	235		36		97

▶1945・1997・2049年

	1月	2月	3月	4月	5月	6月	7月	8月	9月	10月	11月	12月
1	98	129	157	188	218	249	19	50	81	111	142	172
2	99	130	158	189	219	250	20	51	82	112	143	173
3	100	131	159	190	220	251	21	52	83	113	144	174
4	101	132	160	191	221	252	22	53	84	114	145	175
5	102	133	161	192	222	253	23	54	85	115	146	176
6	103	134	162	193	223	254	24	55	86	116	147	177
7	104	135	163	194	224	255	25	56	87	117	148	178
8	105	136	164	195	225	256	26	57	88	118	149	179
9	106	137	165	196	226	257	27	58	89	119	150	180
10	107	138	166	197	227	258	28	59	90	120	151	181
11	108	139	167	198	228	259	29	60	91	121	152	182
12	109	140	168	199	229	260	30	61	92	122	153	183
13	110	141	169	200	230	1	31	62	93	123	154	184
14	111	142	170	201	231	2	32	63	94	124	155	185
15	112	143	171	202	232	3	33	64	95	125	156	186
16	113	144	172	203	233	4	34	65	96	126	157	187
17	114	145	173	204	234	5	35	66	97	127	158	188
18	115	146	174	205	235	6	36	67	98	128	159	189
19	116	147	175	206	236	7	37	68	99	129	160	190
20	117	148	176	207	237	8	38	69	100	130	161	191
21	118	149	177	208	238	9	39	70	101	131	162	192
22	119	150	178	209	239	10	40	71	102	132	163	193
23	120	151	179	210	240	11	41	72	103	133	164	194
24	121	152	180	211	241	12	42	73	104	134	165	195
25	122	153	181	212	242	13	43	74	105	135	166	196
26	123	154	182	213	243	14	44	75	106	136	167	197
27	124	155	183	214	244	15	45	76	107	137	168	198
28	125	156	184	215	245	16	46	77	108	138	169	199
29	126		185	216	246	17	47	78	109	139	170	200
30	127		186	217	247	18	48	79	110	140	171	201
31	128		187		248		49	80		141		202

▶1946・1998・2050年

	1月	2月	3月	4月	5月	6月	7月	8月	9月	10月	11月	12月
1	203	234	2	33	63	94	124	155	186	216	247	17
2	204	235	3	34	64	95	125	156	187	217	248	18
3	205	236	4	35	65	96	126	157	188	218	249	19
4	206	237	5	36	66	97	127	158	189	219	250	20
5	207	238	6	37	67	98	128	159	190	220	251	21
6	208	239	7	38	68	99	129	160	191	221	252	22
7	209	240	8	39	69	100	130	161	192	222	253	23
8	210	241	9	40	70	101	131	162	193	223	254	24
9	211	242	10	41	71	102	132	163	194	224	255	25
10	212	243	11	42	72	103	133	164	195	225	256	26
11	213	244	12	43	73	104	134	165	196	226	257	27
12	214	245	13	44	74	105	135	166	197	227	258	28
13	215	246	14	45	75	106	136	167	198	228	259	29
14	216	247	15	46	76	107	137	168	199	229	260	30
15	217	248	16	47	77	108	138	169	200	230	1	31
16	218	249	17	48	78	109	139	170	201	231	2	32
17	219	250	18	49	79	110	140	171	202	232	3	33
18	220	251	19	50	80	111	141	172	203	233	4	34
19	221	252	20	51	81	112	142	173	204	234	5	35
20	222	253	21	52	82	113	143	174	205	235	6	36
21	223	254	22	53	83	114	144	175	206	236	7	37
22	224	255	23	54	84	115	145	176	207	237	8	38
23	225	256	24	55	85	116	146	177	208	238	9	39
24	226	257	25	56	86	117	147	178	209	239	10	40
25	227	258	26	57	87	118	148	179	210	240	11	41
26	228	259	27	58	88	119	149	180	211	241	12	42
27	229	260	28	59	89	120	150	181	212	242	13	43
28	230	1	29	60	90	121	151	182	213	243	14	44
29	231		30	61	91	122	152	183	214	244	15	45
30	232		31	62	92	123	153	184	215	245	16	46
31	233		32		93		154	185		246		47

▶1947・1999・2051年

	1月	2月	3月	4月	5月	6月	7月	8月	9月	10月	11月	12月
1	48	79	107	138	168	199	229	260	31	61	92	122
2	49	80	108	139	169	200	230	1	32	62	93	123
3	50	81	109	140	170	201	231	2	33	63	94	124
4	51	82	110	141	171	202	232	3	34	64	95	125
5	52	83	111	142	172	203	233	4	35	65	96	126
6	53	84	112	143	173	204	234	5	36	66	97	127
7	54	85	113	144	174	205	235	6	37	67	98	128
8	55	86	114	145	175	206	236	7	38	68	99	129
9	56	87	115	146	176	207	237	8	39	69	100	130
10	57	88	116	147	177	208	238	9	40	70	101	131
11	58	89	117	148	178	209	239	10	41	71	102	132
12	59	90	118	149	179	210	240	11	42	72	103	133
13	60	91	119	150	180	211	241	12	43	73	104	134
14	61	92	120	151	181	212	242	13	44	74	105	135
15	62	93	121	152	182	213	243	14	45	75	106	136
16	63	94	122	153	183	214	244	15	46	76	107	137
17	64	95	123	154	184	215	245	16	47	77	108	138
18	65	96	124	155	185	216	246	17	48	78	109	139
19	66	97	125	156	186	217	247	18	49	79	110	140
20	67	98	126	157	187	218	248	19	50	80	111	141
21	68	99	127	158	188	219	249	20	51	81	112	142
22	69	100	128	159	189	220	250	21	52	82	113	143
23	70	101	129	160	190	221	251	22	53	83	114	144
24	71	102	130	161	191	222	252	23	54	84	115	145
25	72	103	131	162	192	223	253	24	55	85	116	146
26	73	104	132	163	193	224	254	25	56	86	117	147
27	74	105	133	164	194	225	255	26	57	87	118	148
28	75	106	134	165	195	226	256	27	58	88	119	149
29	76		135	166	196	227	257	28	59	89	120	150
30	77		136	167	197	228	258	29	60	90	121	151
31	78		137		198		259	30		91		152

▶1948・2000・2052年

	1月	2月	3月	4月	5月	6月	7月	8月	9月	10月	11月	12月
1	153	184	213	243	13	44	74	105	136	166	197	227
2	154	185	214	244	14	45	75	106	137	167	198	228
3	155	186	215	245	15	46	76	107	138	168	199	229
4	156	187	216	246	16	47	77	108	139	169	200	230
5	157	188	217	247	17	48	78	109	140	170	201	231
6	158	189	218	248	18	49	79	110	141	171	202	232
7	159	190	219	249	19	50	80	111	142	172	203	233
8	160	191	220	250	20	51	81	112	143	173	204	234
9	161	192	221	251	21	52	82	113	144	174	205	235
10	162	193	222	252	22	53	83	114	145	175	206	236
11	163	194	223	253	23	54	84	115	146	176	207	237
12	164	195	224	254	24	55	85	116	147	177	208	238
13	165	196	225	255	25	56	86	117	148	178	209	239
14	166	197	226	256	26	57	87	118	149	179	210	240
15	167	198	227	257	27	58	88	119	150	180	211	241
16	168	199	228	258	28	59	89	120	151	181	212	242
17	169	200	229	259	29	60	90	121	152	182	213	243
18	170	201	230	260	30	61	91	122	153	183	214	244
19	171	202	231	1	31	62	92	123	154	184	215	245
20	172	203	232	2	32	63	93	124	155	185	216	246
21	173	204	233	3	33	64	94	125	156	186	217	247
22	174	205	234	4	34	65	95	126	157	187	218	248
23	175	206	235	5	35	66	96	127	158	188	219	249
24	176	207	236	6	36	67	97	128	159	189	220	250
25	177	208	237	7	37	68	98	129	160	190	221	251
26	178	209	238	8	38	69	99	130	161	191	222	252
27	179	210	239	9	39	70	100	131	162	192	223	253
28	180	211	240	10	40	71	101	132	163	193	224	254
29	181	212	241	11	41	72	102	133	164	194	225	255
30	182		242	12	42	73	103	134	165	195	226	256
31	183		243		43		104	135		196		257

▶1949・2001・2053年

	1月	2月	3月	4月	5月	6月	7月	8月	9月	10月	11月	12月
1	258	29	57	88	118	149	179	210	241	11	42	72
2	259	30	58	89	119	150	180	211	242	12	43	73
3	260	31	59	90	120	151	181	212	243	13	44	74
4	1	32	60	91	121	152	182	213	244	14	45	75
5	2	33	61	92	122	153	183	214	245	15	46	76
6	3	34	62	93	123	154	184	215	246	16	47	77
7	4	35	63	94	124	155	185	216	247	17	48	78
8	5	36	64	95	125	156	186	217	248	18	49	79
9	6	37	65	96	126	157	187	218	249	19	50	80
10	7	38	66	97	127	158	188	219	250	20	51	81
11	8	39	67	98	128	159	189	220	251	21	52	82
12	9	40	68	99	129	160	190	221	252	22	53	83
13	10	41	69	100	130	161	191	222	253	23	54	84
14	11	42	70	101	131	162	192	223	254	24	55	85
15	12	43	71	102	132	163	193	224	255	25	56	86
16	13	44	72	103	133	164	194	225	256	26	57	87
17	14	45	73	104	134	165	195	226	257	27	58	88
18	15	46	74	105	135	166	196	227	258	28	59	89
19	16	47	75	106	136	167	197	228	259	29	60	90
20	17	48	76	107	137	168	198	229	260	30	61	91
21	18	49	77	108	138	169	199	230	1	31	62	92
22	19	50	78	109	139	170	200	231	2	32	63	93
23	20	51	79	110	140	171	201	232	3	33	64	94
24	21	52	80	111	141	172	202	233	4	34	65	95
25	22	53	81	112	142	173	203	234	5	35	66	96
26	23	54	82	113	143	174	204	235	6	36	67	97
27	24	55	83	114	144	175	205	236	7	37	68	98
28	25	56	84	115	145	176	206	237	8	38	69	99
29	26		85	116	146	177	207	238	9	39	70	100
30	27		86	117	147	178	208	239	10	40	71	101
31	28		87		148		209	240		41		102

▶1950・2002年

	1月	2月	3月	4月	5月	6月	7月	8月	9月	10月	11月	12月
1	103	134	162	193	223	254	24	55	86	116	147	177
2	104	135	163	194	224	255	25	56	87	117	148	178
3	105	136	164	195	225	256	26	57	88	118	149	179
4	106	137	165	196	226	257	27	58	89	119	150	180
5	107	138	166	197	227	258	28	59	90	120	151	181
6	108	139	167	198	228	259	29	60	91	121	152	182
7	109	140	168	199	229	260	30	61	92	122	153	183
8	110	141	169	200	230	1	31	62	93	123	154	184
9	111	142	170	201	231	2	32	63	94	124	155	185
10	112	143	171	202	232	3	33	64	95	125	156	186
11	113	144	172	203	233	4	34	65	96	126	157	187
12	114	145	173	204	234	5	35	66	97	127	158	188
13	115	146	174	205	235	6	36	67	98	128	159	189
14	116	147	175	206	236	7	37	68	99	129	160	190
15	117	148	176	207	237	8	38	69	100	130	161	191
16	118	149	177	208	238	9	39	70	101	131	162	192
17	119	150	178	209	239	10	40	71	102	132	163	193
18	120	151	179	210	240	11	41	72	103	133	164	194
19	121	152	180	211	241	12	42	73	104	134	165	195
20	122	153	181	212	242	13	43	74	105	135	166	196
21	123	154	182	213	243	14	44	75	106	136	167	197
22	124	155	183	214	244	15	45	76	107	137	168	198
23	125	156	184	215	245	16	46	77	108	138	169	199
24	126	157	185	216	246	17	47	78	109	139	170	200
25	127	158	186	217	247	18	48	79	110	140	171	201
26	128	159	187	218	248	19	49	80	111	141	172	202
27	129	160	188	219	249	20	50	81	112	142	173	203
28	130	161	189	220	250	21	51	82	113	143	174	204
29	131		190	221	251	22	52	83	114	144	175	205
30	132		191	222	252	23	53	84	115	145	176	206
31	133		192		253		54	85		146		207

▶1951・2003年

	1月	2月	3月	4月	5月	6月	7月	8月	9月	10月	11月	12月
1	208	239	7	38	68	99	129	160	191	221	252	22
2	209	240	8	39	69	100	130	161	192	222	253	23
3	210	241	9	40	70	101	131	162	193	223	254	24
4	211	242	10	41	71	102	132	163	194	224	255	25
5	212	243	11	42	72	103	133	164	195	225	256	26
6	213	244	12	43	73	104	134	165	196	226	257	27
7	214	245	13	44	74	105	135	166	197	227	258	28
8	215	246	14	45	75	106	136	167	198	228	259	29
9	216	247	15	46	76	107	137	168	199	229	260	30
10	217	248	16	47	77	108	138	169	200	230	1	31
11	218	249	17	48	78	109	139	170	201	231	2	32
12	219	250	18	49	79	110	140	171	202	232	3	33
13	220	251	19	50	80	111	141	172	203	233	4	34
14	221	252	20	51	81	112	142	173	204	234	5	35
15	222	253	21	52	82	113	143	174	205	235	6	36
16	223	254	22	53	83	114	144	175	206	236	7	37
17	224	255	23	54	84	115	145	176	207	237	8	38
18	225	256	24	55	85	116	146	177	208	238	9	39
19	226	257	25	56	86	117	147	178	209	239	10	40
20	227	258	26	57	87	118	148	179	210	240	11	41
21	228	259	27	58	88	119	149	180	211	241	12	42
22	229	260	28	59	89	120	150	181	212	242	13	43
23	230	1	29	60	90	121	151	182	213	243	14	44
24	231	2	30	61	91	122	152	183	214	244	15	45
25	232	3	31	62	92	123	153	184	215	245	16	46
26	233	4	32	63	93	124	154	185	216	246	17	47
27	234	5	33	64	94	125	155	186	217	247	18	48
28	235	6	34	65	95	126	156	187	218	248	19	49
29	236		35	66	96	127	157	188	219	249	20	50
30	237		36	67	97	128	158	189	220	250	21	51
31	238		37		98		159	190		251		52

▶1952・2004年

	1月	2月	3月	4月	5月	6月	7月	8月	9月	10月	11月	12月
1	53	84	113	143	173	204	234	5	36	66	97	127
2	54	85	114	144	174	205	235	6	37	67	98	128
3	55	86	115	145	175	206	236	7	38	68	99	129
4	56	87	116	146	176	207	237	8	39	69	100	130
5	57	88	117	147	177	208	238	9	40	70	101	131
6	58	89	118	148	178	209	239	10	41	71	102	132
7	59	90	119	149	179	210	240	11	42	72	103	133
8	60	91	120	150	180	211	241	12	43	73	104	134
9	61	92	121	151	181	212	242	13	44	74	105	135
10	62	93	122	152	182	213	243	14	45	75	106	136
11	63	94	123	153	183	214	244	15	46	76	107	137
12	64	95	124	154	184	215	245	16	47	77	108	138
13	65	96	125	155	185	216	246	17	48	78	109	139
14	66	97	126	156	186	217	247	18	49	79	110	140
15	67	98	127	157	187	218	248	19	50	80	111	141
16	68	99	128	158	188	219	249	20	51	81	112	142
17	69	100	129	159	189	220	250	21	52	82	113	143
18	70	101	130	160	190	221	251	22	53	83	114	144
19	71	102	131	161	191	222	252	23	54	84	115	145
20	72	103	132	162	192	223	253	24	55	85	116	146
21	73	104	133	163	193	224	254	25	56	86	117	147
22	74	105	134	164	194	225	255	26	57	87	118	148
23	75	106	135	165	195	226	256	27	58	88	119	149
24	76	107	136	166	196	227	257	28	59	89	120	150
25	77	108	137	167	197	228	258	29	60	90	121	151
26	78	109	138	168	198	229	259	30	61	91	122	152
27	79	110	139	169	199	230	260	31	62	92	123	153
28	80	111	140	170	200	231	1	32	63	93	124	154
29	81	112	141	171	201	232	2	33	64	94	125	155
30	82		142	172	202	233	3	34	65	95	126	156
31	83		143		203		4	35		96		157

▶1953・2005年

	1月	2月	3月	4月	5月	6月	7月	8月	9月	10月	11月	12月
1	158	189	217	248	18	49	79	110	141	171	202	232
2	159	190	218	249	19	50	80	111	142	172	203	233
3	160	191	219	250	20	51	81	112	143	173	204	234
4	161	192	220	251	21	52	82	113	144	174	205	235
5	162	193	221	252	22	53	83	114	145	175	206	236
6	163	194	222	253	23	54	84	115	146	176	207	237
7	164	195	223	254	24	55	85	116	147	177	208	238
8	165	196	224	255	25	56	86	117	148	178	209	239
9	166	197	225	256	26	57	87	118	149	179	210	240
10	167	198	226	257	27	58	88	119	150	180	211	241
11	168	199	227	258	28	59	89	120	151	181	212	242
12	169	200	228	259	29	60	90	121	152	182	213	243
13	170	201	229	260	30	61	91	122	153	183	214	244
14	171	202	230	1	31	62	92	123	154	184	215	245
15	172	203	231	2	32	63	93	124	155	185	216	246
16	173	204	232	3	33	64	94	125	156	186	217	247
17	174	205	233	4	34	65	95	126	157	187	218	248
18	175	206	234	5	35	66	96	127	158	188	219	249
19	176	207	235	6	36	67	97	128	159	189	220	250
20	177	208	236	7	37	68	98	129	160	190	221	251
21	178	209	237	8	38	69	99	130	161	191	222	252
22	179	210	238	9	39	70	100	131	162	192	223	253
23	180	211	239	10	40	71	101	132	163	193	224	254
24	181	212	240	11	41	72	102	133	164	194	225	255
25	182	213	241	12	42	73	103	134	165	195	226	256
26	183	214	242	13	43	74	104	135	166	196	227	257
27	184	215	243	14	44	75	105	136	167	197	228	258
28	185	216	244	15	45	76	106	137	168	198	229	259
29	186		245	16	46	77	107	138	169	199	230	260
30	187		246	17	47	78	108	139	170	200	231	1
31	188		247		48		109	140		201		2

▶1954・2006年

	1月	2月	3月	4月	5月	6月	7月	8月	9月	10月	11月	12月
1	3	34	62	93	123	154	184	215	246	16	47	77
2	4	35	63	94	124	155	185	216	247	17	48	78
3	5	36	64	95	125	156	186	217	248	18	49	79
4	6	37	65	96	126	157	187	218	249	19	50	80
5	7	38	66	97	127	158	188	219	250	20	51	81
6	8	39	67	98	128	159	189	220	251	21	52	82
7	9	40	68	99	129	160	190	221	252	22	53	83
8	10	41	69	100	130	161	191	222	253	23	54	84
9	11	42	70	101	131	162	192	223	254	24	55	85
10	12	43	71	102	132	163	193	224	255	25	56	86
11	13	44	72	103	133	164	194	225	256	26	57	87
12	14	45	73	104	134	165	195	226	257	27	58	88
13	15	46	74	105	135	166	196	227	258	28	59	89
14	16	47	75	106	136	167	197	228	259	29	60	90
15	17	48	76	107	137	168	198	229	260	30	61	91
16	18	49	77	108	138	169	199	230	1	31	62	92
17	19	50	78	109	139	170	200	231	2	32	63	93
18	20	51	79	110	140	171	201	232	3	33	64	94
19	21	52	80	111	141	172	202	233	4	34	65	95
20	22	53	81	112	142	173	203	234	5	35	66	96
21	23	54	82	113	143	174	204	235	6	36	67	97
22	24	55	83	114	144	175	205	236	7	37	68	98
23	25	56	84	115	145	176	206	237	8	38	69	99
24	26	57	85	116	146	177	207	238	9	39	70	100
25	27	58	86	117	147	178	208	239	10	40	71	101
26	28	59	87	118	148	179	209	240	11	41	72	102
27	29	60	88	119	149	180	210	241	12	42	73	103
28	30	61	89	120	150	181	211	242	13	43	74	104
29	31		90	121	151	182	212	243	14	44	75	105
30	32		91	122	152	183	213	244	15	45	76	106
31	33		92		153		214	245		46		107

▶1955・2007年

	1月	2月	3月	4月	5月	6月	7月	8月	9月	10月	11月	12月
1	108	139	167	198	228	259	29	60	91	121	152	182
2	109	140	168	199	229	260	30	61	92	122	153	183
3	110	141	169	200	230	1	31	62	93	123	154	184
4	111	142	170	201	231	2	32	63	94	124	155	185
5	112	143	171	202	232	3	33	64	95	125	156	186
6	113	144	172	203	233	4	34	65	96	126	157	187
7	114	145	173	204	234	5	35	66	97	127	158	188
8	115	146	174	205	235	6	36	67	98	128	159	189
9	116	147	175	206	236	7	37	68	99	129	160	190
10	117	148	176	207	237	8	38	69	100	130	161	191
11	118	149	177	208	238	9	39	70	101	131	162	192
12	119	150	178	209	239	10	40	71	102	132	163	193
13	120	151	179	210	240	11	41	72	103	133	164	194
14	121	152	180	211	241	12	42	73	104	134	165	195
15	122	153	181	212	242	13	43	74	105	135	166	196
16	123	154	182	213	243	14	44	75	106	136	167	197
17	124	155	183	214	244	15	45	76	107	137	168	198
18	125	156	184	215	245	16	46	77	108	138	169	199
19	126	157	185	216	246	17	47	78	109	139	170	200
20	127	158	186	217	247	18	48	79	110	140	171	201
21	128	159	187	218	248	19	49	80	111	141	172	202
22	129	160	188	219	249	20	50	81	112	142	173	203
23	130	161	189	220	250	21	51	82	113	143	174	204
24	131	162	190	221	251	22	52	83	114	144	175	205
25	132	163	191	222	252	23	53	84	115	145	176	206
26	133	164	192	223	253	24	54	85	116	146	177	207
27	134	165	193	224	254	25	55	86	117	147	178	208
28	135	166	194	225	255	26	56	87	118	148	179	209
29	136		195	226	256	27	57	88	119	149	180	210
30	137		196	227	257	28	58	89	120	150	181	211
31	138		197		258		59	90		151		212

▶1956・2008年

	1月	2月	3月	4月	5月	6月	7月	8月	9月	10月	11月	12月
1	213	244	13	43	73	104	134	165	196	226	257	27
2	214	245	14	44	74	105	135	166	197	227	258	28
3	215	246	15	45	75	106	136	167	198	228	259	29
4	216	247	16	46	76	107	137	168	199	229	260	30
5	217	248	17	47	77	108	138	169	200	230	1	31
6	218	249	18	48	78	109	139	170	201	231	2	32
7	219	250	19	49	79	110	140	171	202	232	3	33
8	220	251	20	50	80	111	141	172	203	233	4	34
9	221	252	21	51	81	112	142	173	204	234	5	35
10	222	253	22	52	82	113	143	174	205	235	6	36
11	223	254	23	53	83	114	144	175	206	236	7	37
12	224	255	24	54	84	115	145	176	207	237	8	38
13	225	256	25	55	85	116	146	177	208	238	9	39
14	226	257	26	56	86	117	147	178	209	239	10	40
15	227	258	27	57	87	118	148	179	210	240	11	41
16	228	259	28	58	88	119	149	180	211	241	12	42
17	229	260	29	59	89	120	150	181	212	242	13	43
18	230	1	30	60	90	121	151	182	213	243	14	44
19	231	2	31	61	91	122	152	183	214	244	15	45
20	232	3	32	62	92	123	153	184	215	245	16	46
21	233	4	33	63	93	124	154	185	216	246	17	47
22	234	5	34	64	94	125	155	186	217	247	18	48
23	235	6	35	65	95	126	156	187	218	248	19	49
24	236	7	36	66	96	127	157	188	219	249	20	50
25	237	8	37	67	97	128	158	189	220	250	21	51
26	238	9	38	68	98	129	159	190	221	251	22	52
27	239	10	39	69	99	130	160	191	222	252	23	53
28	240	11	40	70	100	131	161	192	223	253	24	54
29	241	12	41	71	101	132	162	193	224	254	25	55
30	242		42	72	102	133	163	194	225	255	26	56
31	243		43		103		164	195		256		57

▶1957・2009年

	1月	2月	3月	4月	5月	6月	7月	8月	9月	10月	11月	12月
1	58	89	117	148	178	209	239	10	41	71	102	132
2	59	90	118	149	179	210	240	11	42	72	103	133
3	60	91	119	150	180	211	241	12	43	73	104	134
4	61	92	120	151	181	212	242	13	44	74	105	135
5	62	93	121	152	182	213	243	14	45	75	106	136
6	63	94	122	153	183	214	244	15	46	76	107	137
7	64	95	123	154	184	215	245	16	47	77	108	138
8	65	96	124	155	185	216	246	17	48	78	109	139
9	66	97	125	156	186	217	247	18	49	79	110	140
10	67	98	126	157	187	218	248	19	50	80	111	141
11	68	99	127	158	188	219	249	20	51	81	112	142
12	69	100	128	159	189	220	250	21	52	82	113	143
13	70	101	129	160	190	221	251	22	53	83	114	144
14	71	102	130	161	191	222	252	23	54	84	115	145
15	72	103	131	162	192	223	253	24	55	85	116	146
16	73	104	132	163	193	224	254	25	56	86	117	147
17	74	105	133	164	194	225	255	26	57	87	118	148
18	75	106	134	165	195	226	256	27	58	88	119	149
19	76	107	135	166	196	227	257	28	59	89	120	150
20	77	108	136	167	197	228	258	29	60	90	121	151
21	78	109	137	168	198	229	259	30	61	91	122	152
22	79	110	138	169	199	230	260	31	62	92	123	153
23	80	111	139	170	200	231	1	32	63	93	124	154
24	81	112	140	171	201	232	2	33	64	94	125	155
25	82	113	141	172	202	233	3	34	65	95	126	156
26	83	114	142	173	203	234	4	35	66	96	127	157
27	84	115	143	174	204	235	5	36	67	97	128	158
28	85	116	144	175	205	236	6	37	68	98	129	159
29	86		145	176	206	237	7	38	69	99	130	160
30	87		146	177	207	238	8	39	70	100	131	161
31	88		147		208		9	40		101		162

▶1958・2010年

	1月	2月	3月	4月	5月	6月	7月	8月	9月	10月	11月	12月
1	163	194	222	253	23	54	84	115	146	176	207	237
2	164	195	223	254	24	55	85	116	147	177	208	238
3	165	196	224	255	25	56	86	117	148	178	209	239
4	166	197	225	256	26	57	87	118	149	179	210	240
5	167	198	226	257	27	58	88	119	150	180	211	241
6	168	199	227	258	28	59	89	120	151	181	212	242
7	169	200	228	259	29	60	90	121	152	182	213	243
8	170	201	229	260	30	61	91	122	153	183	214	244
9	171	202	230	1	31	62	92	123	154	184	215	245
10	172	203	231	2	32	63	93	124	155	185	216	246
11	173	204	232	3	33	64	94	125	156	186	217	247
12	174	205	233	4	34	65	95	126	157	187	218	248
13	175	206	234	5	35	66	96	127	158	188	219	249
14	176	207	235	6	36	67	97	128	159	189	220	250
15	177	208	236	7	37	68	98	129	160	190	221	251
16	178	209	237	8	38	69	99	130	161	191	222	252
17	179	210	238	9	39	70	100	131	162	192	223	253
18	180	211	239	10	40	71	101	132	163	193	224	254
19	181	212	240	11	41	72	102	133	164	194	225	255
20	182	213	241	12	42	73	103	134	165	195	226	256
21	183	214	242	13	43	74	104	135	166	196	227	257
22	184	215	243	14	44	75	105	136	167	197	228	258
23	185	216	244	15	45	76	106	137	168	198	229	259
24	186	217	245	16	46	77	107	138	169	199	230	260
25	187	218	246	17	47	78	108	139	170	200	231	1
26	188	219	247	18	48	79	109	140	171	201	232	2
27	189	220	248	19	49	80	110	141	172	202	233	3
28	190	221	249	20	50	81	111	142	173	203	234	4
29	191		250	21	51	82	112	143	174	204	235	5
30	192		251	22	52	83	113	144	175	205	236	6
31	193		252		53		114	145		206		7

▶1959・2011年

	1月	2月	3月	4月	5月	6月	7月	8月	9月	10月	11月	12月
1	8	39	67	98	128	159	189	220	251	21	52	82
2	9	40	68	99	129	160	190	221	252	22	53	83
3	10	41	69	100	130	161	191	222	253	23	54	84
4	11	42	70	101	131	162	192	223	254	24	55	85
5	12	43	71	102	132	163	193	224	255	25	56	86
6	13	44	72	103	133	164	194	225	256	26	57	87
7	14	45	73	104	134	165	195	226	257	27	58	88
8	15	46	74	105	135	166	196	227	258	28	59	89
9	16	47	75	106	136	167	197	228	259	29	60	90
10	17	48	76	107	137	168	198	229	260	30	61	91
11	18	49	77	108	138	169	199	230	1	31	62	92
12	19	50	78	109	139	170	200	231	2	32	63	93
13	20	51	79	110	140	171	201	232	3	33	64	94
14	21	52	80	111	141	172	202	233	4	34	65	95
15	22	53	81	112	142	173	203	234	5	35	66	96
16	23	54	82	113	143	174	204	235	6	36	67	97
17	24	55	83	114	144	175	205	236	7	37	68	98
18	25	56	84	115	145	176	206	237	8	38	69	99
19	26	57	85	116	146	177	207	238	9	39	70	100
20	27	58	86	117	147	178	208	239	10	40	71	101
21	28	59	87	118	148	179	209	240	11	41	72	102
22	29	60	88	119	149	180	210	241	12	42	73	103
23	30	61	89	120	150	181	211	242	13	43	74	104
24	31	62	90	121	151	182	212	243	14	44	75	105
25	32	63	91	122	152	183	213	244	15	45	76	106
26	33	64	92	123	153	184	214	245	16	46	77	107
27	34	65	93	124	154	185	215	246	17	47	78	108
28	35	66	94	125	155	186	216	247	18	48	79	109
29	36		95	126	156	187	217	248	19	49	80	110
30	37		96	127	157	188	218	249	20	50	81	111
31	38		97		158		219	250		51		112

▶1960・2012年

	1月	2月	3月	4月	5月	6月	7月	8月	9月	10月	11月	12月
1	113	144	173	203	233	4	34	65	96	126	157	187
2	114	145	174	204	234	5	35	66	97	127	158	188
3	115	146	175	205	235	6	36	67	98	128	159	189
4	116	147	176	206	236	7	37	68	99	129	160	190
5	117	148	177	207	237	8	38	69	100	130	161	191
6	118	149	178	208	238	9	39	70	101	131	162	192
7	119	150	179	209	239	10	40	71	102	132	163	193
8	120	151	180	210	240	11	41	72	103	133	164	194
9	121	152	181	211	241	12	42	73	104	134	165	195
10	122	153	182	212	242	13	43	74	105	135	166	196
11	123	154	183	213	243	14	44	75	106	136	167	197
12	124	155	184	214	244	15	45	76	107	137	168	198
13	125	156	185	215	245	16	46	77	108	138	169	199
14	126	157	186	216	246	17	47	78	109	139	170	200
15	127	158	187	217	247	18	48	79	110	140	171	201
16	128	159	188	218	248	19	49	80	111	141	172	202
17	129	160	189	219	249	20	50	81	112	142	173	203
18	130	161	190	220	250	21	51	82	113	143	174	204
19	131	162	191	221	251	22	52	83	114	144	175	205
20	132	163	192	222	252	23	53	84	115	145	176	206
21	133	164	193	223	253	24	54	85	116	146	177	207
22	134	165	194	224	254	25	55	86	117	147	178	208
23	135	166	195	225	255	26	56	87	118	148	179	209
24	136	167	196	226	256	27	57	88	119	149	180	210
25	137	168	197	227	257	28	58	89	120	150	181	211
26	138	169	198	228	258	29	59	90	121	151	182	212
27	139	170	199	229	259	30	60	91	122	152	183	213
28	140	171	200	230	260	31	61	92	123	153	184	214
29	141	172	201	231	1	32	62	93	124	154	185	215
30	142		202	232	2	33	63	94	125	155	186	216
31	143		203		3		64	95		156		217

▶1961・2013年

	1月	2月	3月	4月	5月	6月	7月	8月	9月	10月	11月	12月
1	218	249	17	48	78	109	139	170	201	231	2	32
2	219	250	18	49	79	110	140	171	202	232	3	33
3	220	251	19	50	80	111	141	172	203	233	4	34
4	221	252	20	51	81	112	142	173	204	234	5	35
5	222	253	21	52	82	113	143	174	205	235	6	36
6	223	254	22	53	83	114	144	175	206	236	7	37
7	224	255	23	54	84	115	145	176	207	237	8	38
8	225	256	24	55	85	116	146	177	208	238	9	39
9	226	257	25	56	86	117	147	178	209	239	10	40
10	227	258	26	57	87	118	148	179	210	240	11	41
11	228	259	27	58	88	119	149	180	211	241	12	42
12	229	260	28	59	89	120	150	181	212	242	13	43
13	230	1	29	60	90	121	151	182	213	243	14	44
14	231	2	30	61	91	122	152	183	214	244	15	45
15	232	3	31	62	92	123	153	184	215	245	16	46
16	233	4	32	63	93	124	154	185	216	246	17	47
17	234	5	33	64	94	125	155	186	217	247	18	48
18	235	6	34	65	95	126	156	187	218	248	19	49
19	236	7	35	66	96	127	157	188	219	249	20	50
20	237	8	36	67	97	128	158	189	220	250	21	51
21	238	9	37	68	98	129	159	190	221	251	22	52
22	239	10	38	69	99	130	160	191	222	252	23	53
23	240	11	39	70	100	131	161	192	223	253	24	54
24	241	12	40	71	101	132	162	193	224	254	25	55
25	242	13	41	72	102	133	163	194	225	255	26	56
26	243	14	42	73	103	134	164	195	226	256	27	57
27	244	15	43	74	104	135	165	196	227	257	28	58
28	245	16	44	75	105	136	166	197	228	258	29	59
29	246		45	76	106	137	167	198	229	259	30	60
30	247		46	77	107	138	168	199	230	260	31	61
31	248		47		108		169	200		1		62

越川 宗亮（こしかわ そうすけ）
1962年千葉県生まれ。中央大学出身。
一般社団法人シンクロニシティ研究会代表。
マヤ暦、マヤの叡知を中心とした「人間研究家」であり、「言葉のちから研究家」。学生時代、「『人間研究』こそ最高の学問」との言葉に感銘を受け、それ以来「個人の本質」「人の活かし方」をテーマに研究。企業、地方自治体など、多方面にわたる講演依頼がある。
公式サイト：シンクロニシティ研究会
https://www.maya260.com/
YouTube：こしかわマヤ暦LABO
https://www.youtube.com/user/mayarekikoshikawa1/featured

新装改訂版《しんそうかいていばん》 古代《こだい》マヤ暦《れき》「13の音《おと》」

2024年10月3日 初版発行

著者／越川《こしかわ》 宗亮《そうすけ》

発行者／山下 直久

発行／株式会社KADOKAWA
〒102-8177 東京都千代田区富士見2-13-3
電話 0570-002-301（ナビダイヤル）

印刷所／TOPPANクロレ株式会社
製本所／TOPPANクロレ株式会社

●お問い合わせ
https://www.kadokawa.co.jp/（「お問い合わせ」へお進みください）
※内容によっては、お答えできない場合があります。
※サポートは日本国内のみとさせていただきます。
※Japanese text only

定価はカバーに表示してあります。

ISBN 978-4-04-607157-6 C0030